Fun and Easy! Korean-Spanish Picture Dictionary

Ordering Information: Quantity sales. Special discounts are
available on quantity purchases by corporations,
associations, and others. For details, contact the publisher
at the email address above.

Printed in the United States of America

ISBN-13: 979-11-88195-18-3

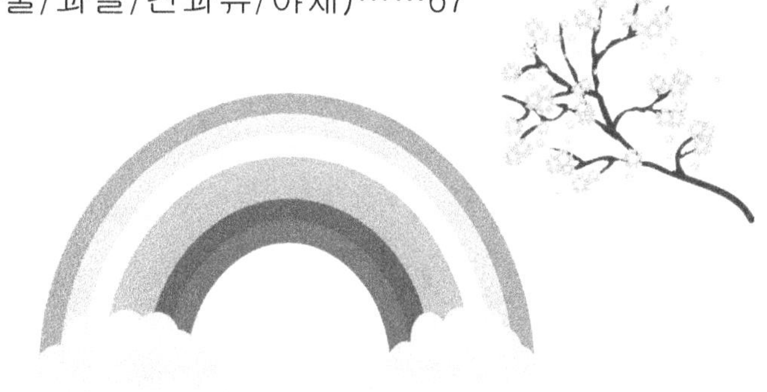

CUERPO(신체)

머리 (Cabeza)
얼굴 (Cara)
목 (Cuello)
어깨 (Hombro)
가슴 (Pecho)
허리 (Cintura)
팔(Brazo)
팔꿈치(Codo)
골반 (Pelvis)
손 (Mano)
복부(Abdomen)
다리(Pierna)
허벅지 (Muslo)
무릎(Rodilla)
발(Pie)
정강이(Espinilla)

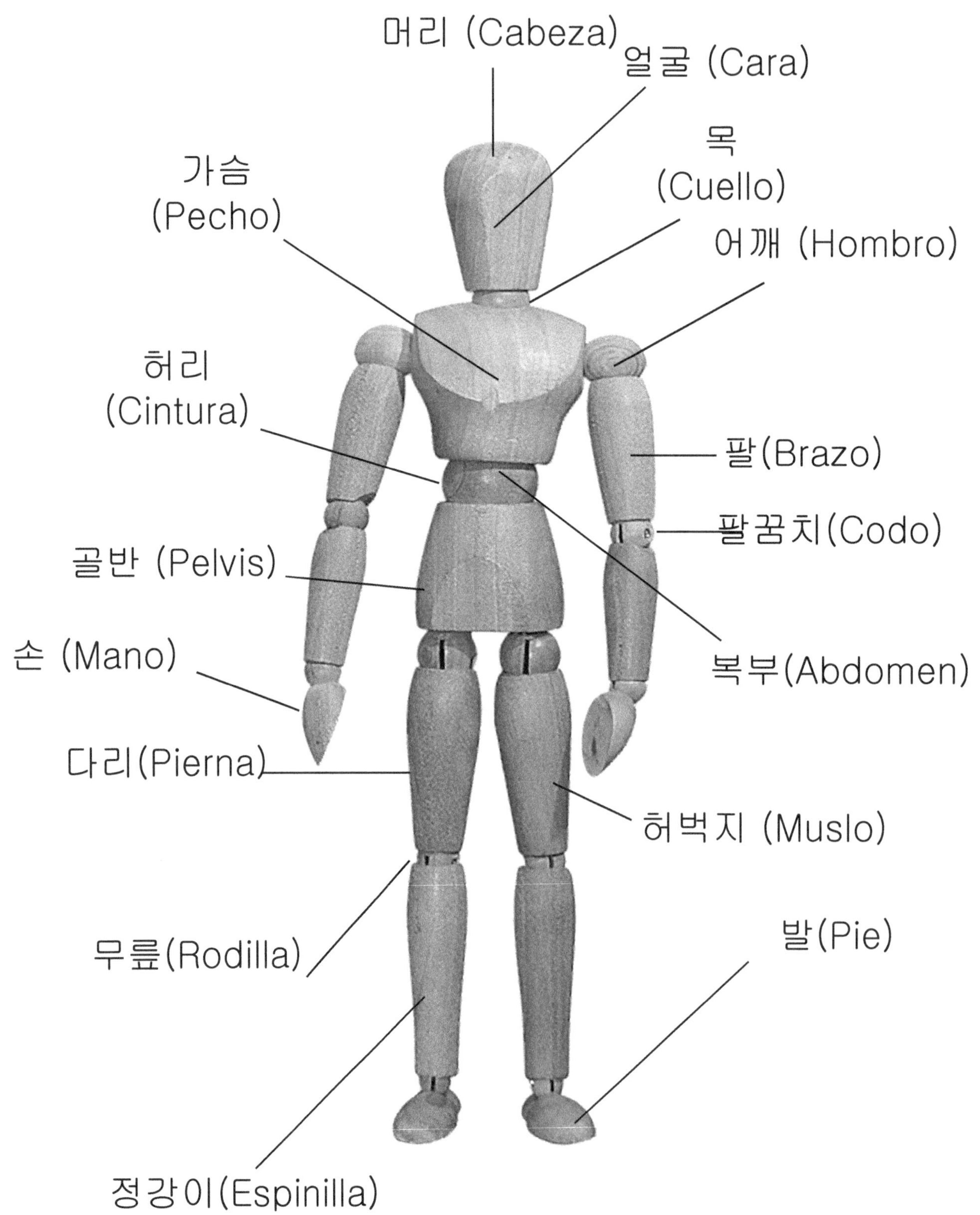

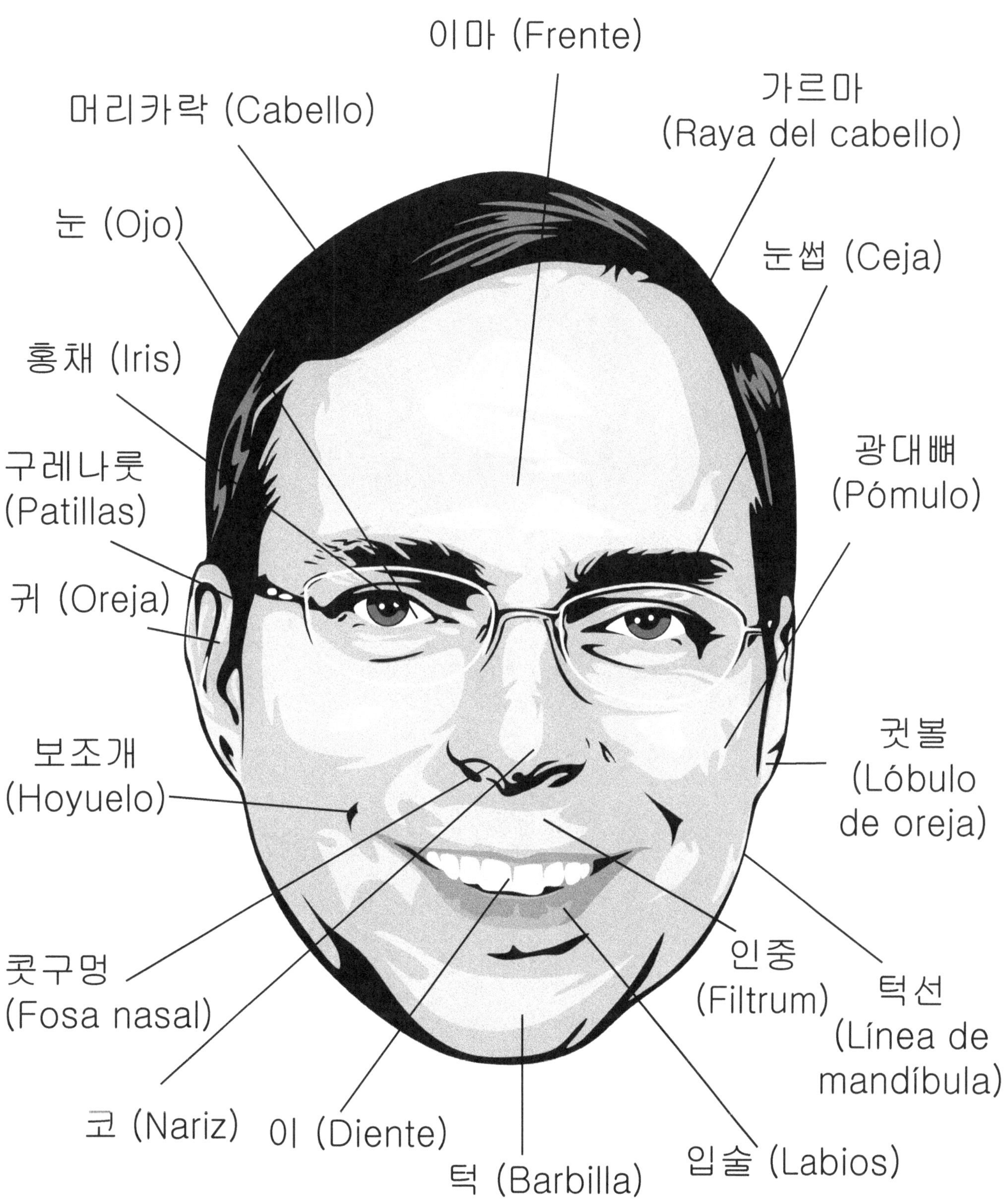

이마 (Frente)
가르마 (Raya del cabello)
머리카락 (Cabello)
눈썹 (Ceja)
눈 (Ojo)
홍채 (Iris)
광대뼈 (Pómulo)
구레나룻 (Patillas)
귀 (Oreja)
귓볼 (Lóbulo de oreja)
보조개 (Hoyuelo)
콧구멍 (Fosa nasal)
인중 (Filtrum)
턱선 (Línea de mandíbula)
코 (Nariz)
이 (Diente)
턱 (Barbilla)
입술 (Labios)

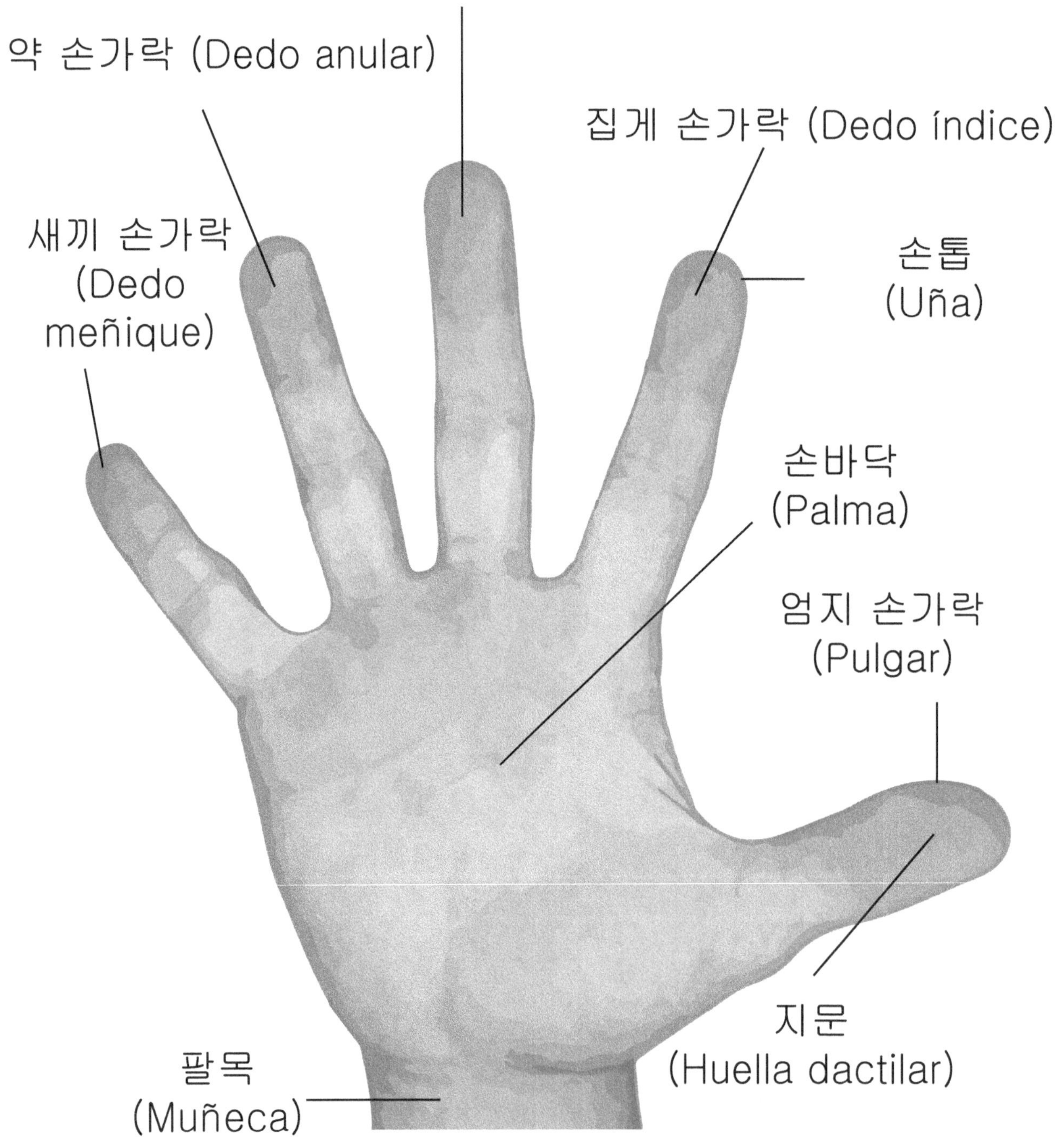

가운뎃 손가락 (Dedo medio)
약 손가락 (Dedo anular)
집게 손가락 (Dedo índice)
새끼 손가락 (Dedo meñique)
손톱 (Uña)
손바닥 (Palma)
엄지 손가락 (Pulgar)
지문 (Huella dactilar)
팔목 (Muñeca)

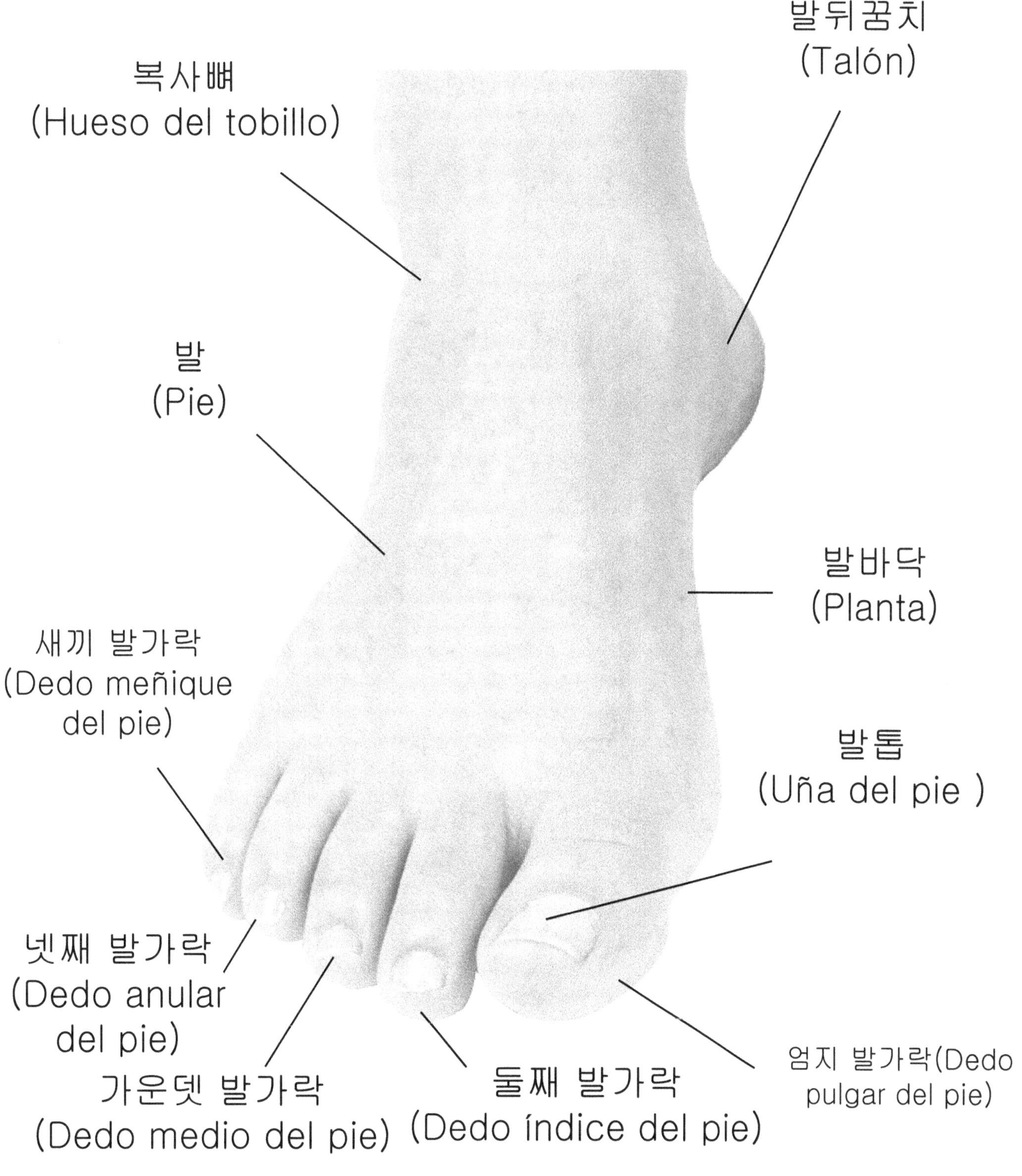
발뒤꿈치
(Talón)
복사뼈
(Hueso del tobillo)
발
(Pie)
발바닥
(Planta)
새끼 발가락
(Dedo meñique
del pie)
발톱
(Uña del pie)
넷째 발가락
(Dedo anular
del pie)
가운뎃 발가락
(Dedo medio del pie)
둘째 발가락
(Dedo índice del pie)
엄지 발가락(Dedo
pulgar del pie)

CASA(집)

괘종시계
(Reloj de abuelo)
그림
(Pintura)
서랍
(Cajón)
텔레비젼
(Televisión)
탁상등
(Lámpara de mesa)
액자
(Marco de la foto)
전화기
(Teléfono)
소파
(Sofá)
스피커
(Altavoz)
책장
(Estante para libros)
벽난로
(Chimenea)

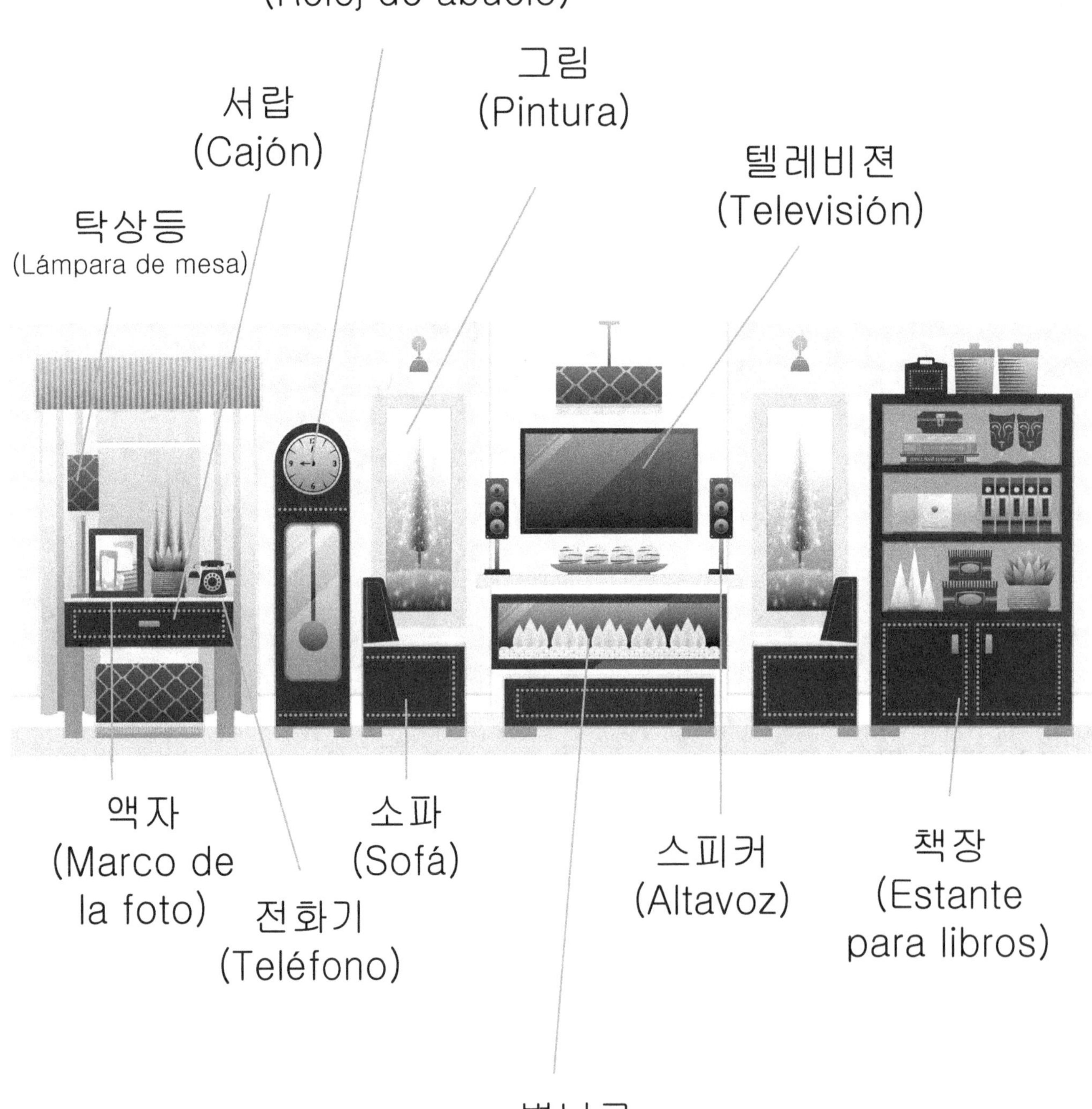

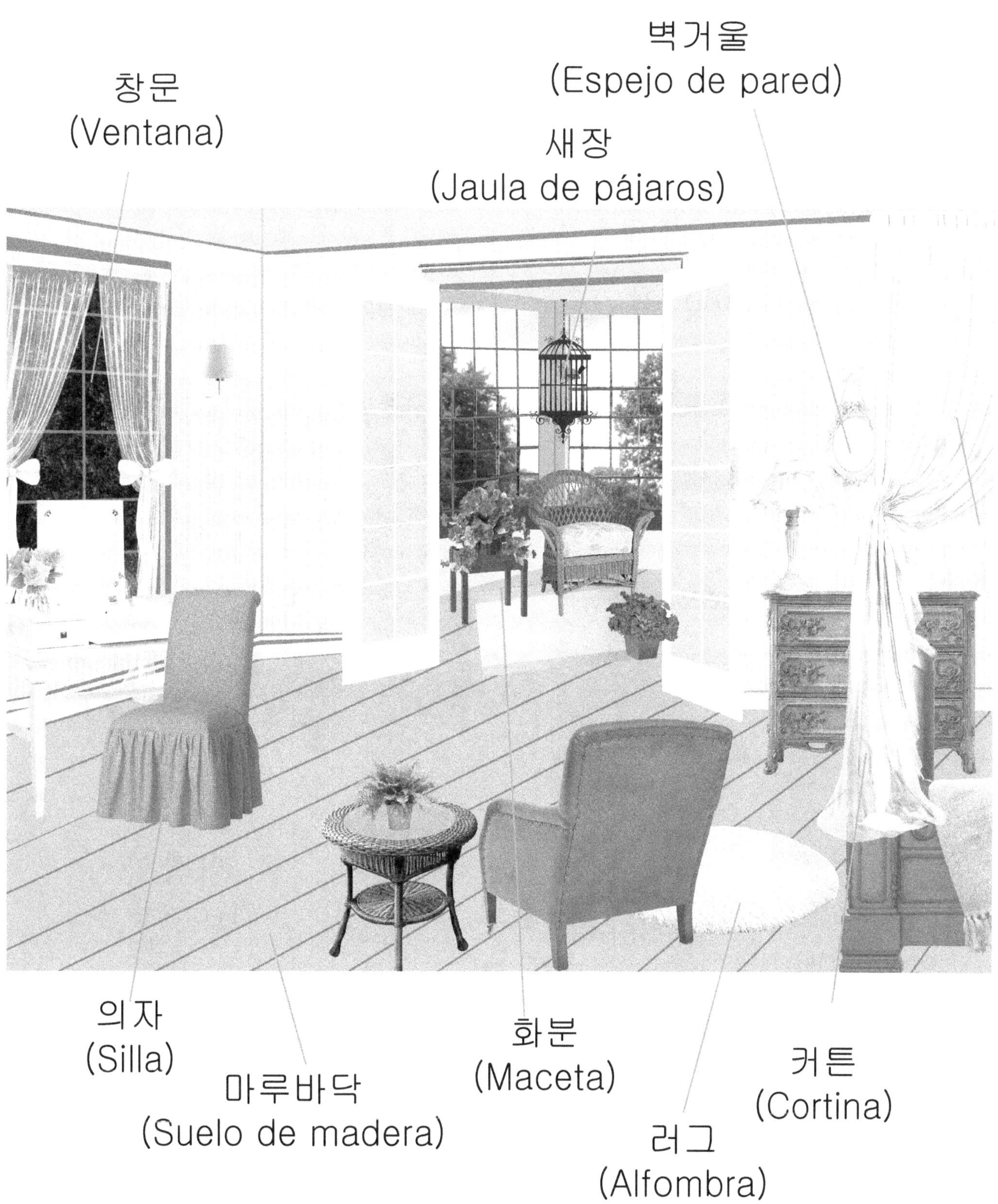
창문
(Ventana)
벽거울
(Espejo de pared)
새장
(Jaula de pájaros)
의자
(Silla)
마루바닥
(Suelo de madera)
화분
(Maceta)
러그
(Alfombra)
커튼
(Cortina)

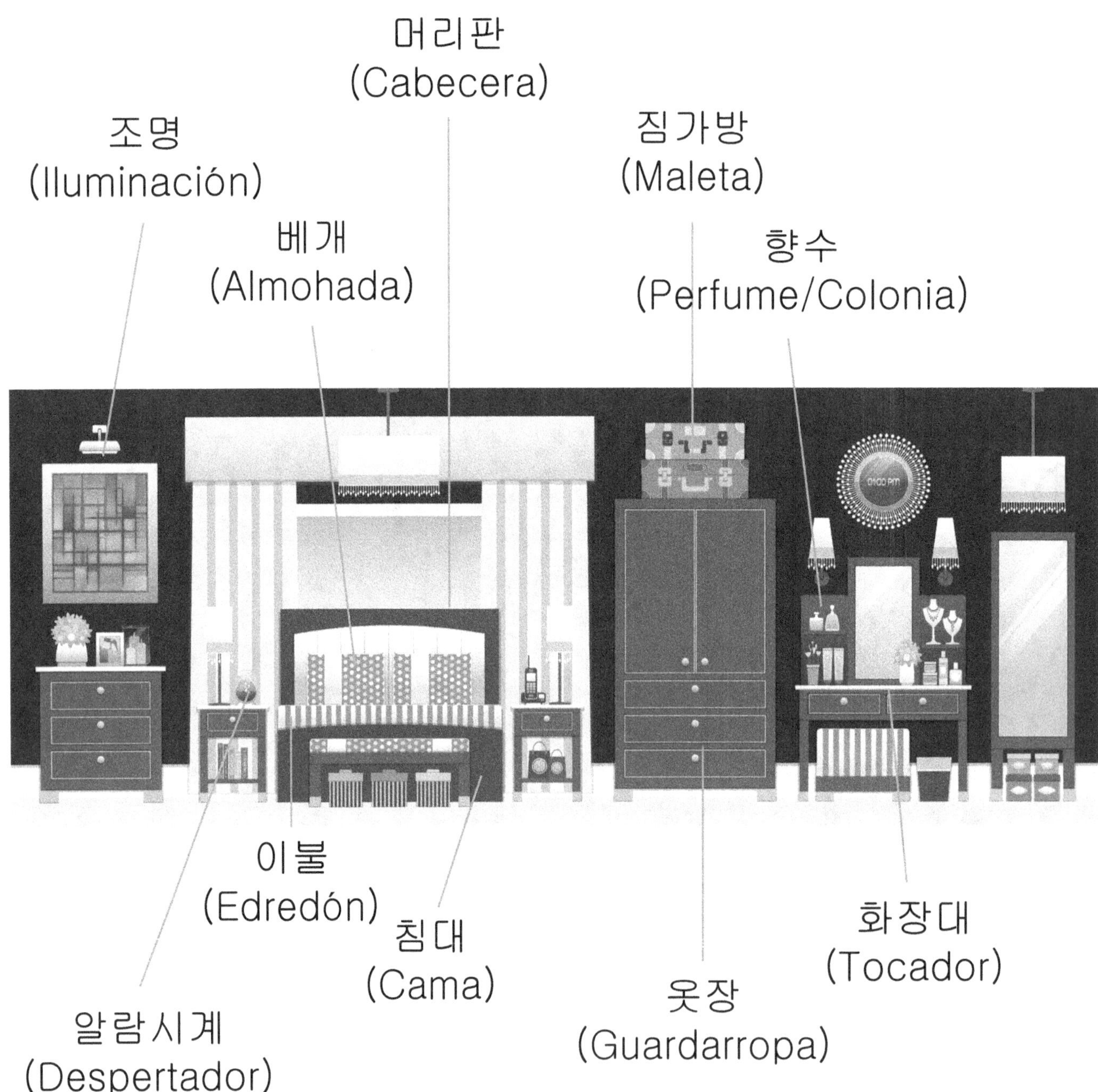

머리판
(Cabecera)
조명
(Iluminación)
베개
(Almohada)
짐가방
(Maleta)
향수
(Perfume/Colonia)
이불
(Edredón)
침대
(Cama)
화장대
(Tocador)
알람시계
(Despertador)
옷장
(Guardarropa)

세면대
(Lavabo)
목욕가운
(Bata de baño)
샤워실
(Cabina de ducha)
칫솔/치약
(Cepillo de dientes/pasta de dientes)
타월/수건
(Toalla)
체중계
(Báscula)
비누/샴푸/바디워시
(Jabón/champú/
jabon para el cuerpo)
면도기
(Maquinilla de afeitar)
욕조
(Bañera)
휴지
(Papel higienico)

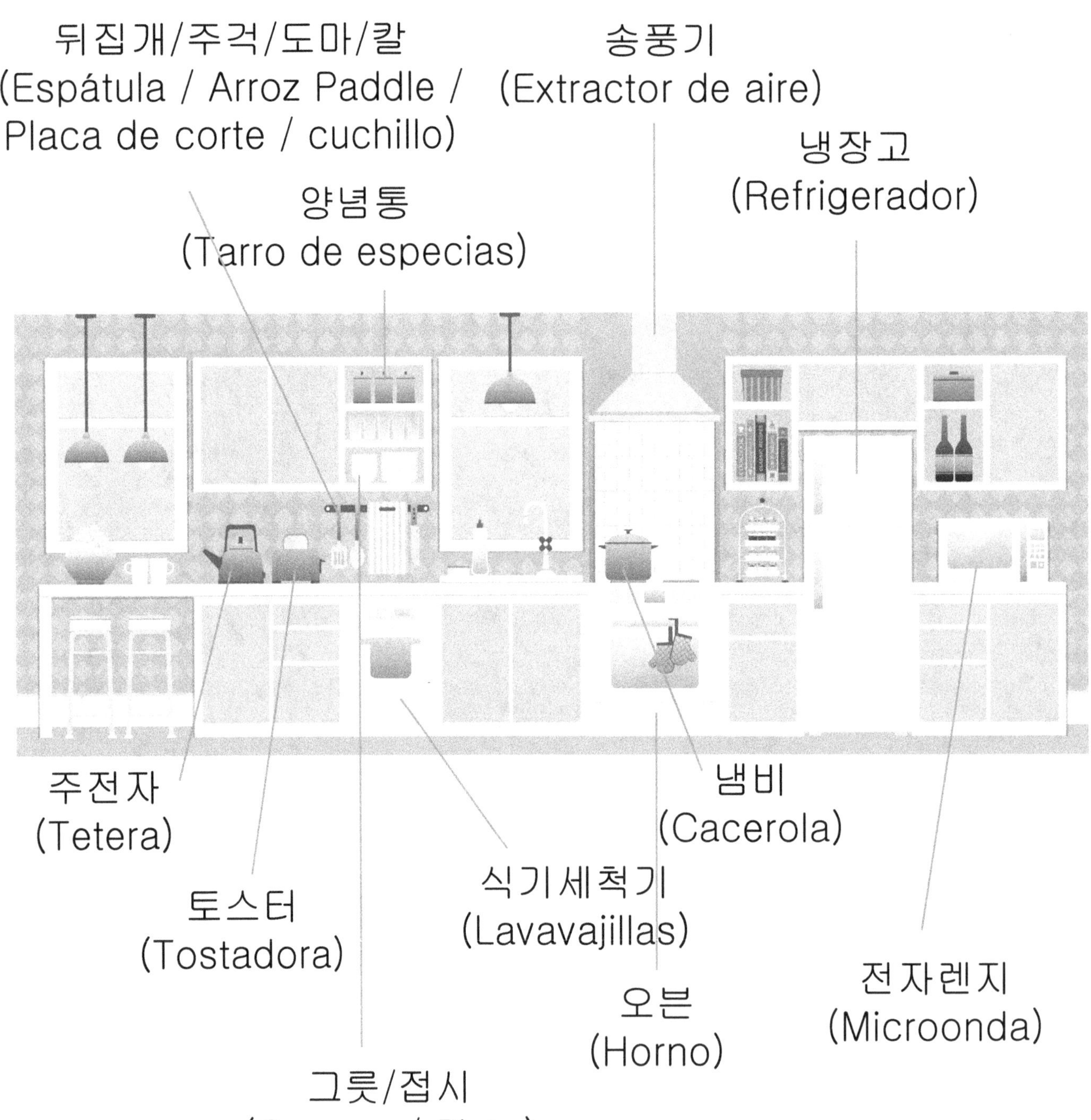

뒤집개/주걱/도마/칼
(Espátula / Arroz Paddle / Placa de corte / cuchillo)
양념통
(Tarro de especias)
송풍기
(Extractor de aire)
냉장고
(Refrigerador)
주전자
(Tetera)
토스터
(Tostadora)
그릇/접시
(Cuenco / Plato)
식기세척기
(Lavavajillas)
오븐
(Horno)
냄비
(Cacerola)
전자렌지
(Microonda)

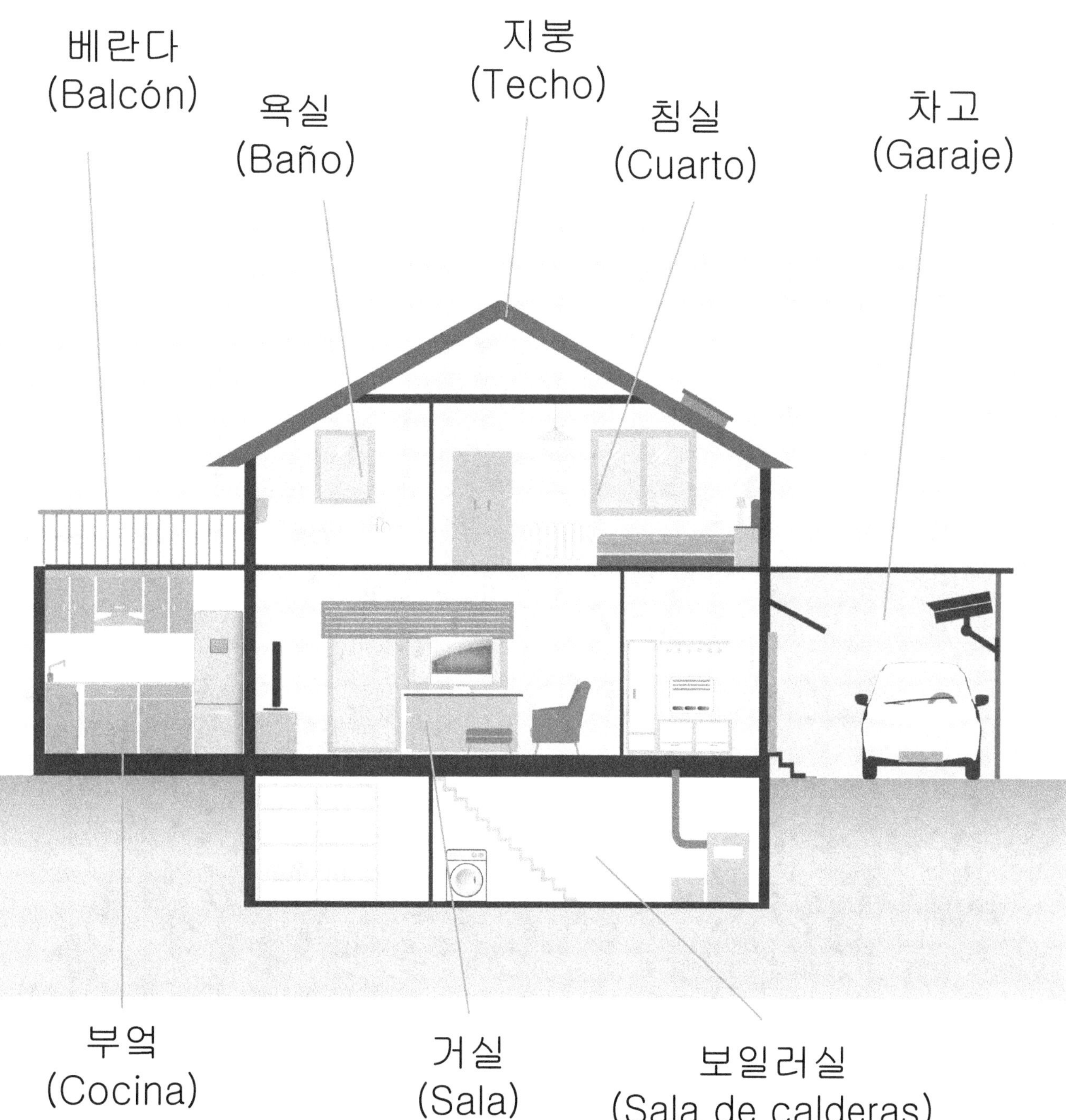

베란다
(Balcón)
욕실
(Baño)
지붕
(Techo)
침실
(Cuarto)
차고
(Garaje)
부엌
(Cocina)
거실
(Sala)
보일러실
(Sala de calderas)

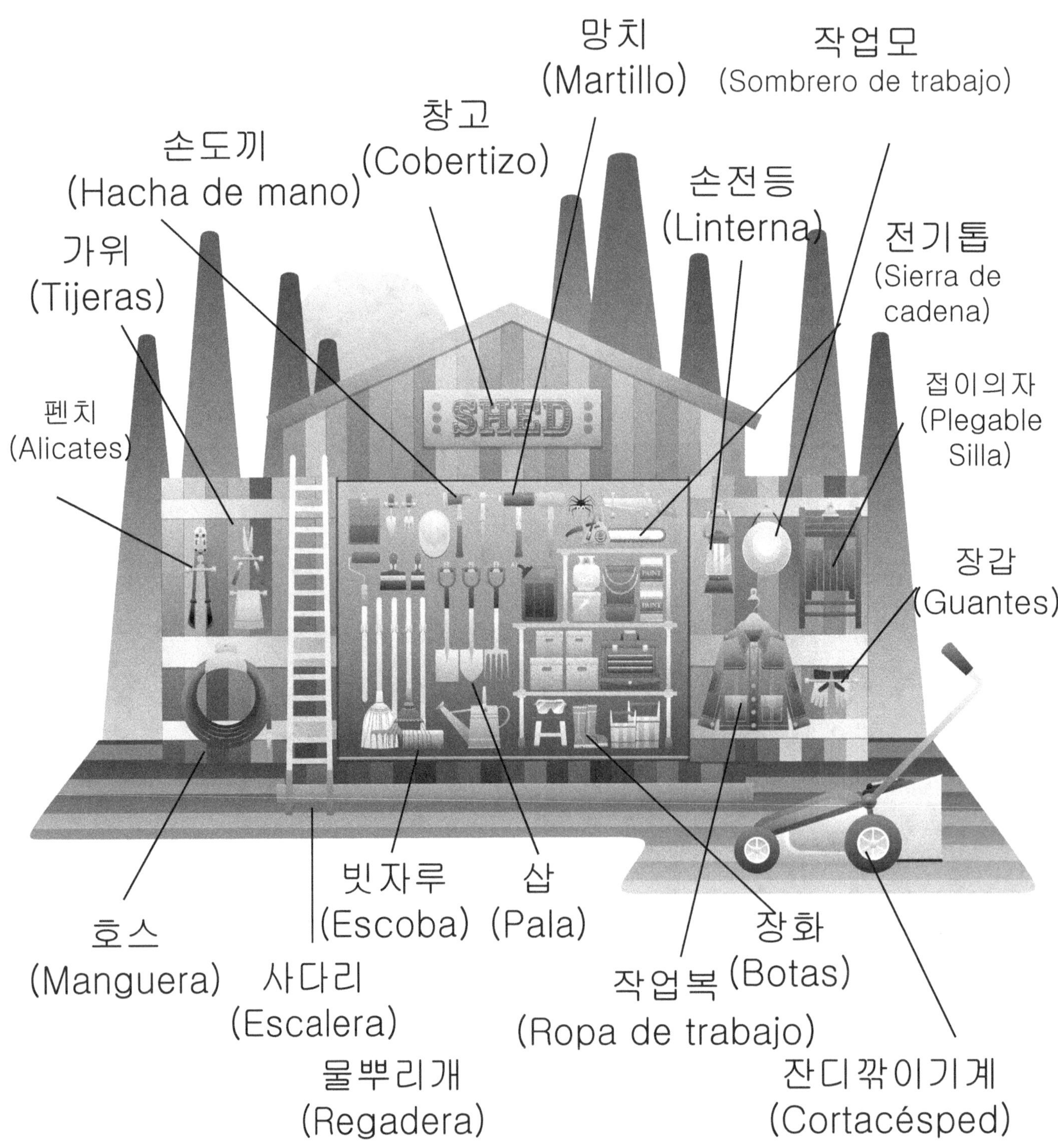

SHED
망치
(Martillo)
작업모
(Sombrero de trabajo)
창고
(Cobertizo)
손도끼
(Hacha de mano)
손전등
(Linterna)
전기톱
(Sierra de cadena)
가위
(Tijeras)
접이의자
(Plegable Silla)
펜치
(Alicates)
장갑
(Guantes)
빗자루
(Escoba)
삽
(Pala)
호스
(Manguera)
사다리
(Escalera)
장화
(Botas)
작업복
(Ropa de trabajo)
물뿌리개
(Regadera)
잔디깎이기계
(Cortacésped)

ARTICULOS PARA EL HOGAR (생활용품)

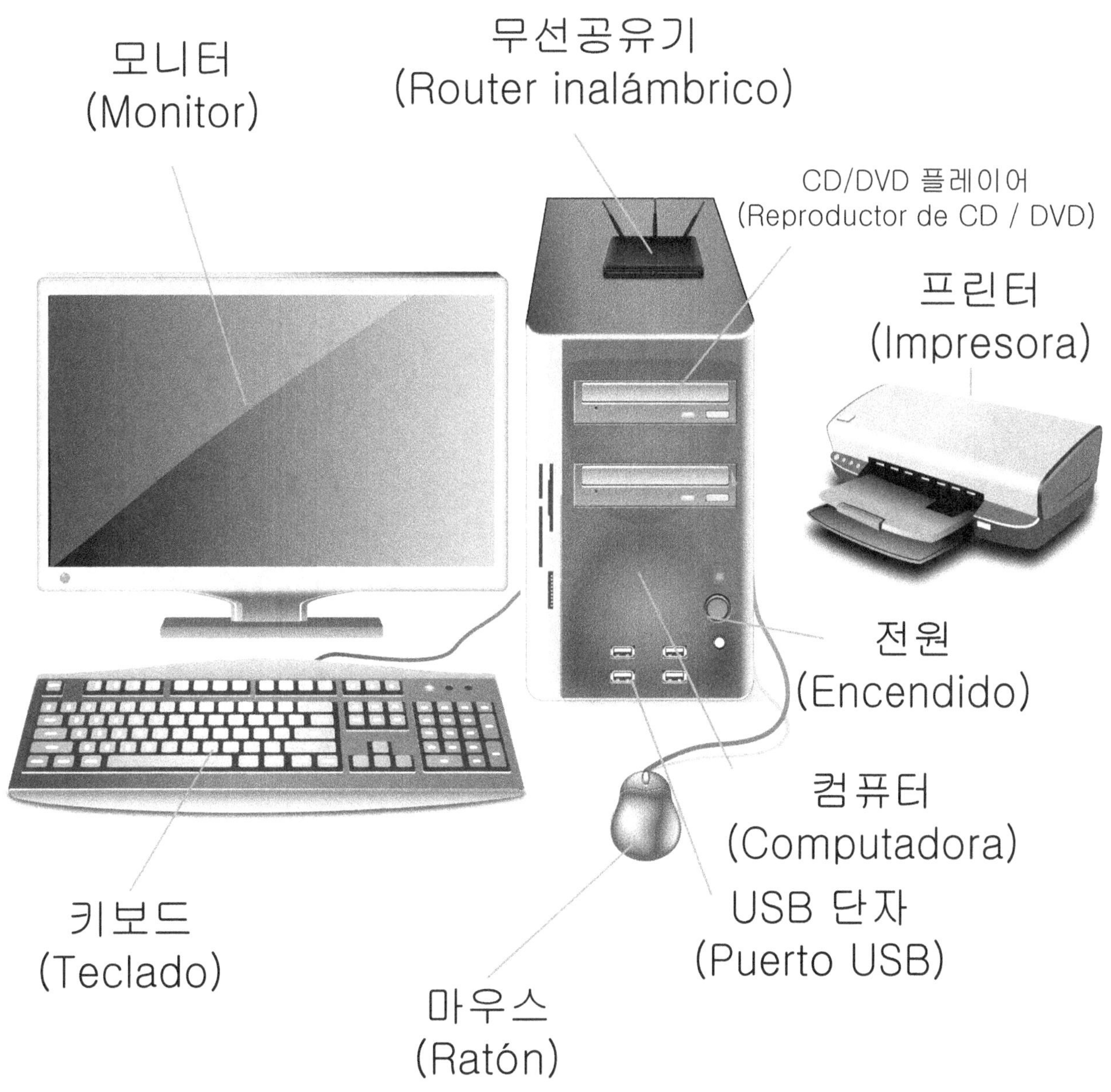

핸드폰
(Teléfono móvil)

라디오 (Radio)

리모콘
(Control remoto)

지갑 (Billetera)

빨래판 (Lavadero)

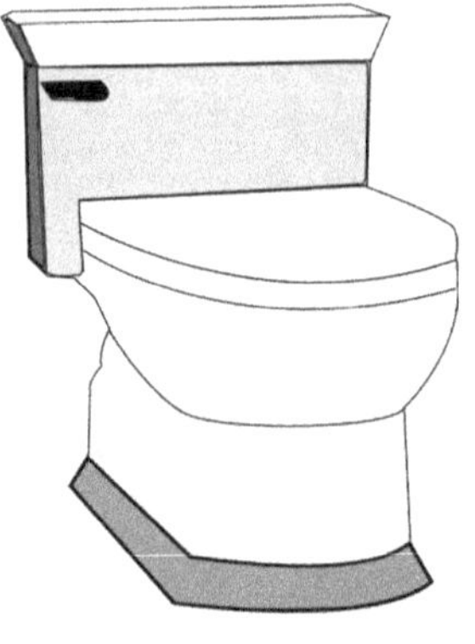

변기 (Váter)

SUPERMERCADO(슈퍼마켓)

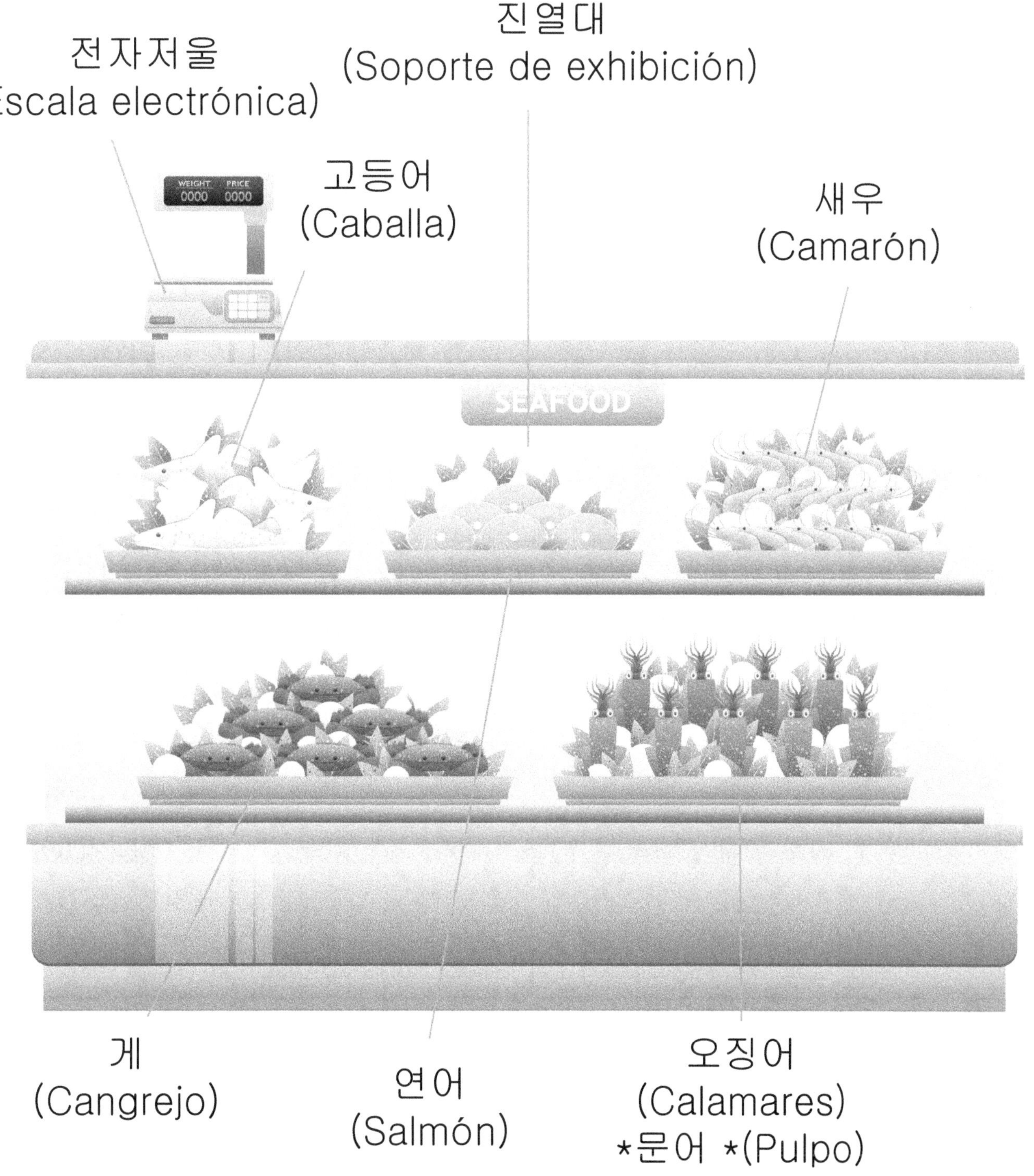

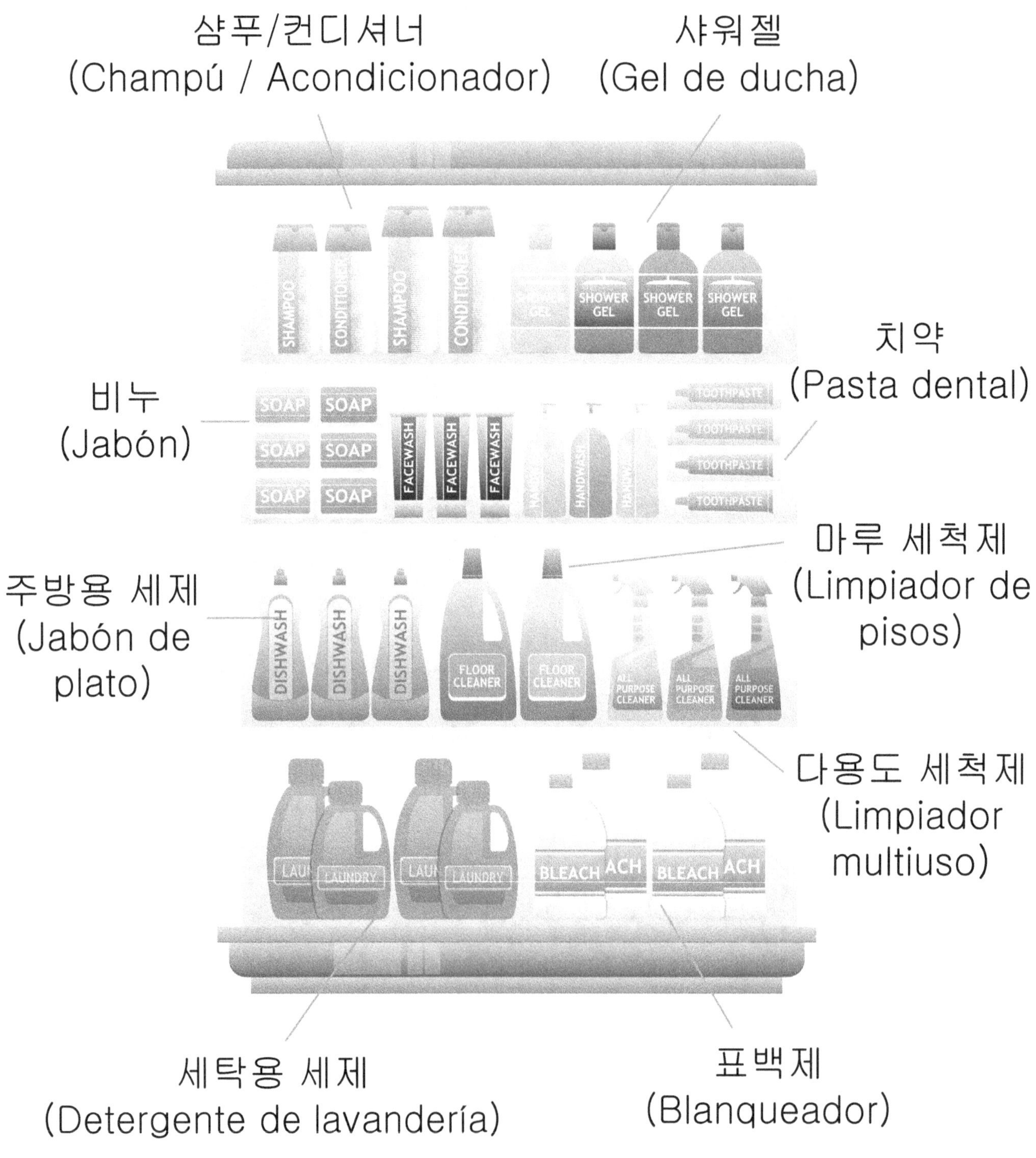

샴푸/컨디셔너
(Champú / Acondicionador)
샤워젤
(Gel de ducha)
치약
(Pasta dental)
비누
(Jabón)
마루 세척제
(Limpiador de pisos)
주방용 세제
(Jabón de plato)
다용도 세척제
(Limpiador multiuso)
세탁용 세제
(Detergente de lavandería)
표백제
(Blanqueador)
SHAMPOO
CONDITIONER
SHAMPOO
CONDITIONER
SHOWER GEL
SHOWER GEL
SHOWER GEL
SOAP
TOOTHPASTE
FACEWASH
HANDWASH
DISHWASH
FLOOR CLEANER
ALL PURPOSE CLEANER
LAUNDRY
BLEACH

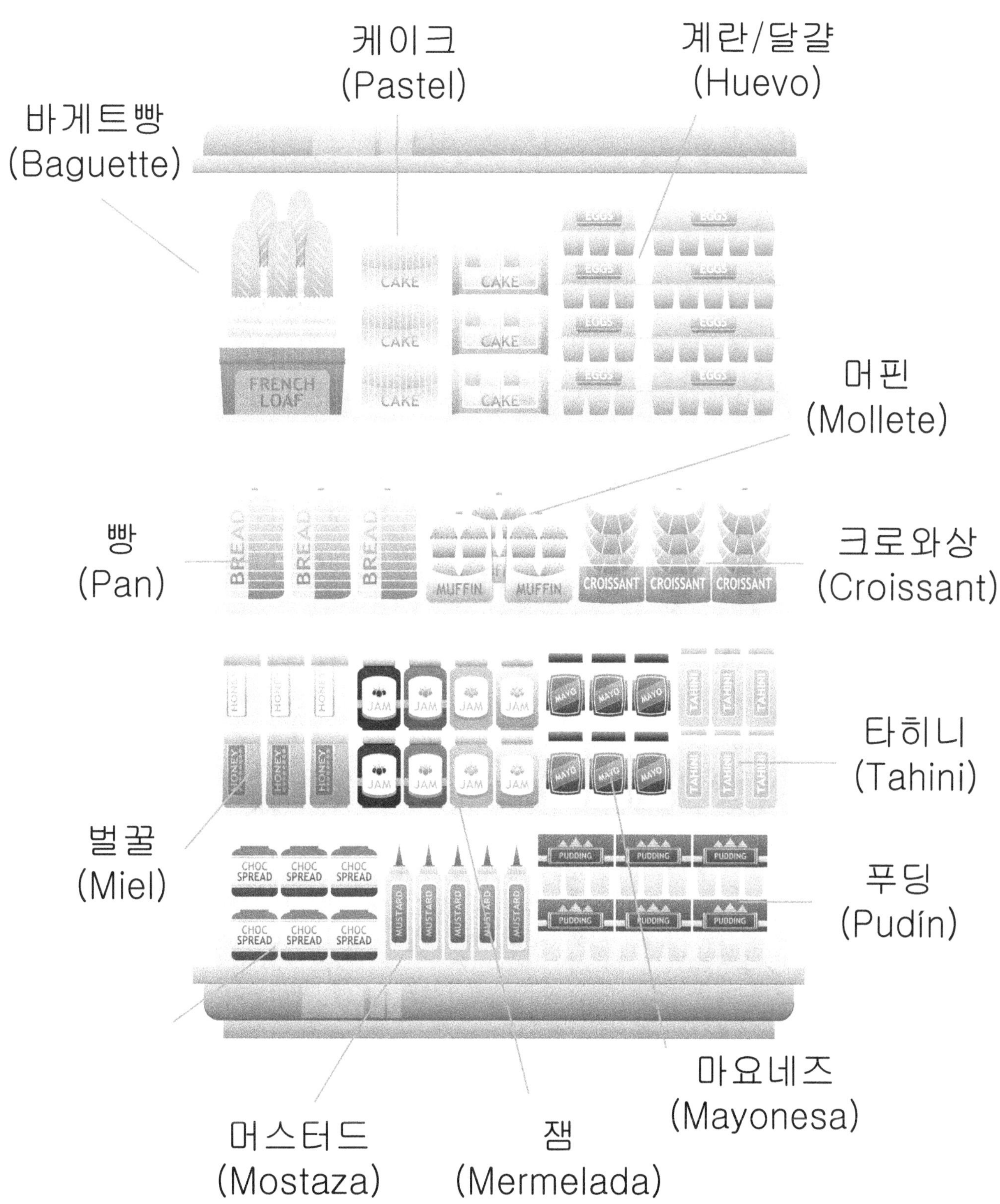
케이크
(Pastel)
계란/달걀
(Huevo)
바게트빵
(Baguette)
FRENCH LOAF
CAKE
EGGS
머핀
(Mollete)
빵
(Pan)
BREAD
MUFFIN
CROISSANT
크로와상
(Croissant)
HONEY
JAM
MAYO
TAHINI
타히니
(Tahini)
벌꿀
(Miel)
CHOC SPREAD
MUSTARD
PUDDING
푸딩
(Pudín)
머스터드
(Mostaza)
잼
(Mermelada)
마요네즈
(Mayonesa)

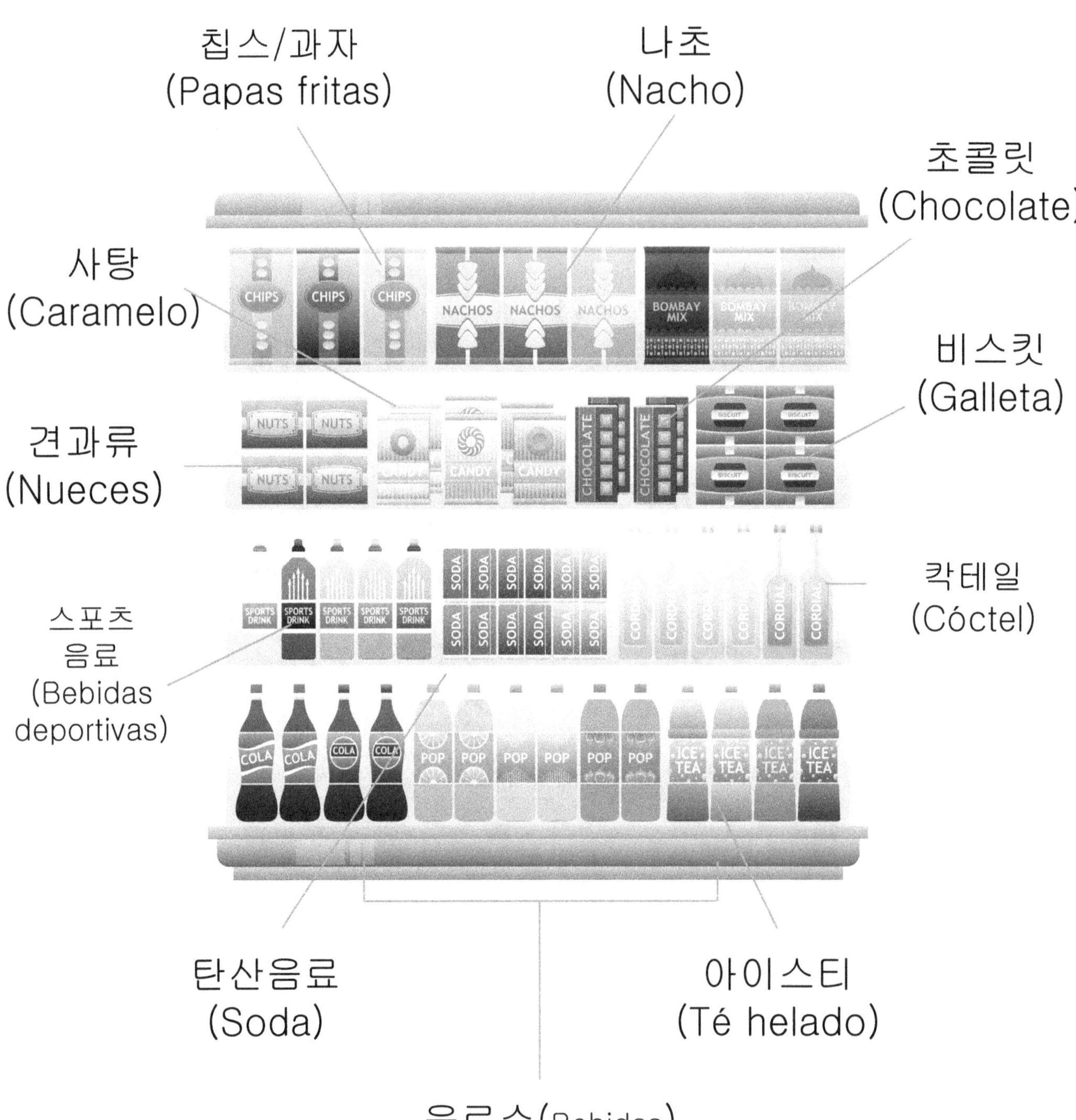

칩스/과자
(Papas fritas)
나초
(Nacho)
초콜릿
(Chocolate)
사탕
(Caramelo)
비스킷
(Galleta)
견과류
(Nueces)
스포츠
음료
(Bebidas
deportivas)
칵테일
(Cóctel)
CHIPS
CHIPS
CHIPS
NACHOS
NACHOS
NACHOS
BOMBAY MIX
BOMBAY MIX
BOMBAY MIX
NUTS
NUTS
NUTS
NUTS
CANDY
CANDY
CANDY
CHOCOLATE
CHOCOLATE
BISCUIT
BISCUIT
BISCUIT
BISCUIT
SPORTS DRINK
SPORTS DRINK
SPORTS DRINK
SPORTS DRINK
SPORTS DRINK
SODA
SODA
SODA
SODA
SODA
SODA
SODA
SODA
SODA
SODA
SODA
SODA
CORDIAL
CORDIAL
COLA
COLA
COLA
COLA
POP
POP
POP
POP
POP
POP
ICE TEA
ICE TEA
ICE TEA
ICE TEA
탄산음료
(Soda)
아이스티
(Té helado)
음료수(Bebidas)

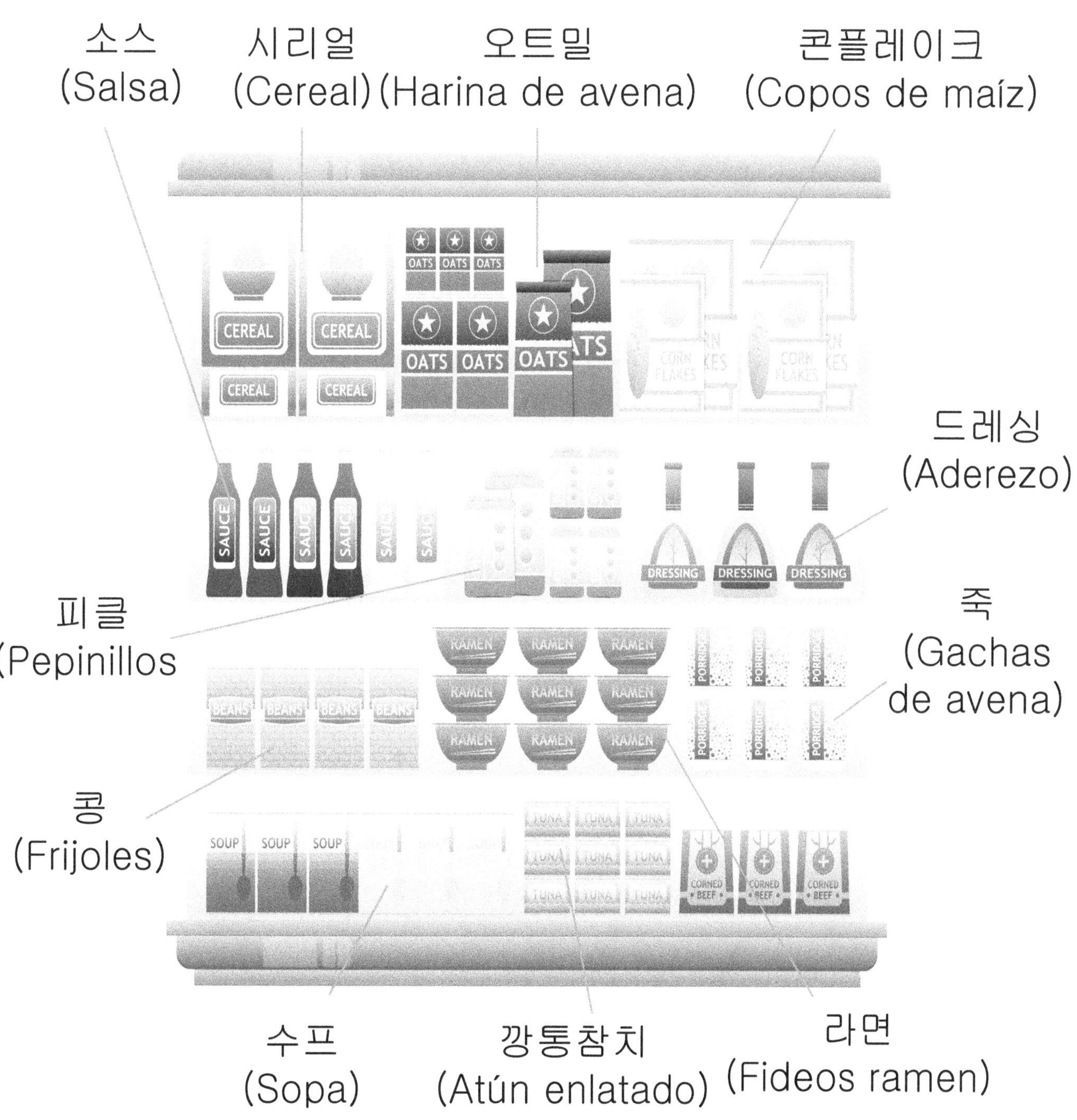

소스
(Salsa)
시리얼
(Cereal)
오트밀
(Harina de avena)
콘플레이크
(Copos de maíz)
드레싱
(Aderezo)
피클
(Pepinillos
죽
(Gachas de avena)
콩
(Frijoles)
수프
(Sopa)
깡통참치
(Atún enlatado)
라면
(Fideos ramen)
CEREAL
OATS
CORN FLAKES
SAUCE
DRESSING
BEANS
RAMEN
PORRIDGE
SOUP
TUNA
CORNED BEEF

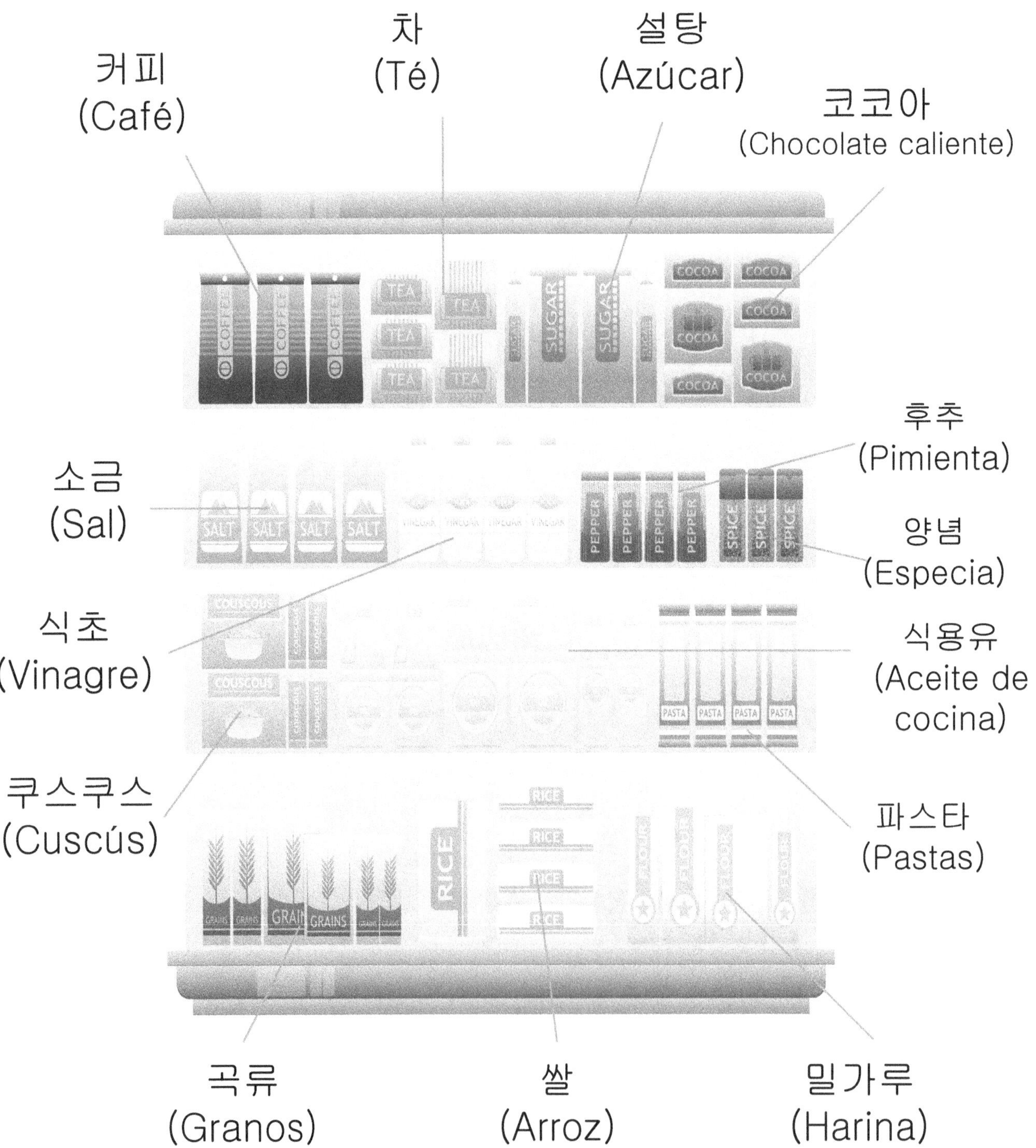
커피
(Café)
차
(Té)
설탕
(Azúcar)
코코아
(Chocolate caliente)
후추
(Pimienta)
소금
(Sal)
양념
(Especia)
식초
(Vinagre)
식용유
(Aceite de cocina)
쿠스쿠스
(Cuscús)
파스타
(Pastas)
곡류
(Granos)
쌀
(Arroz)
밀가루
(Harina)
COFFEE
TEA
SUGAR
COCOA
SALT
VINEGAR
PEPPER
SPICE
COUSCOUS
PASTA
GRAINS
GRAIN
RICE
FLOUR

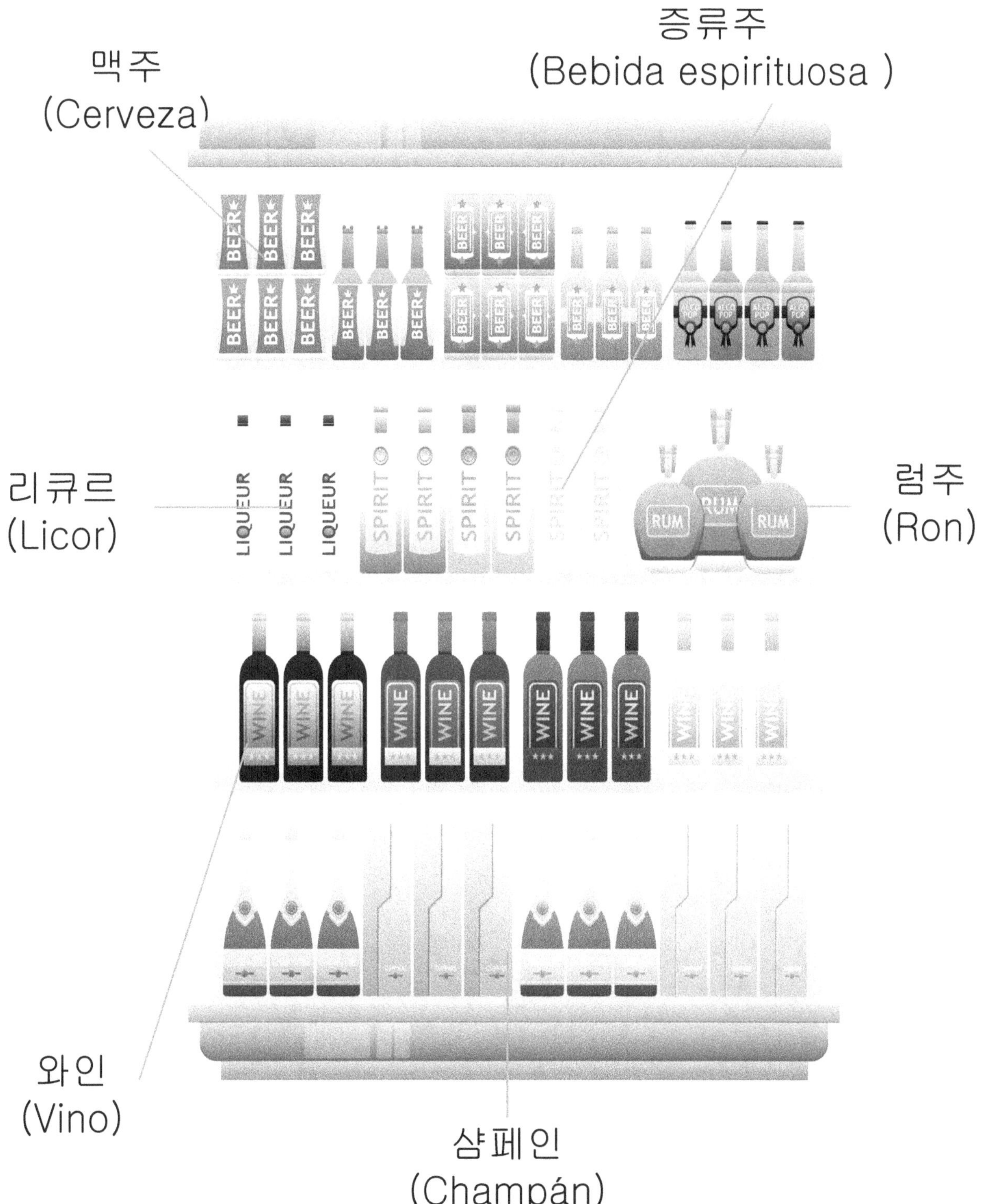
맥주
(Cerveza)
증류주
(Bebida espirituosa)
리큐르
(Licor)
럼주
(Ron)
와인
(Vino)
샴페인
(Champán)

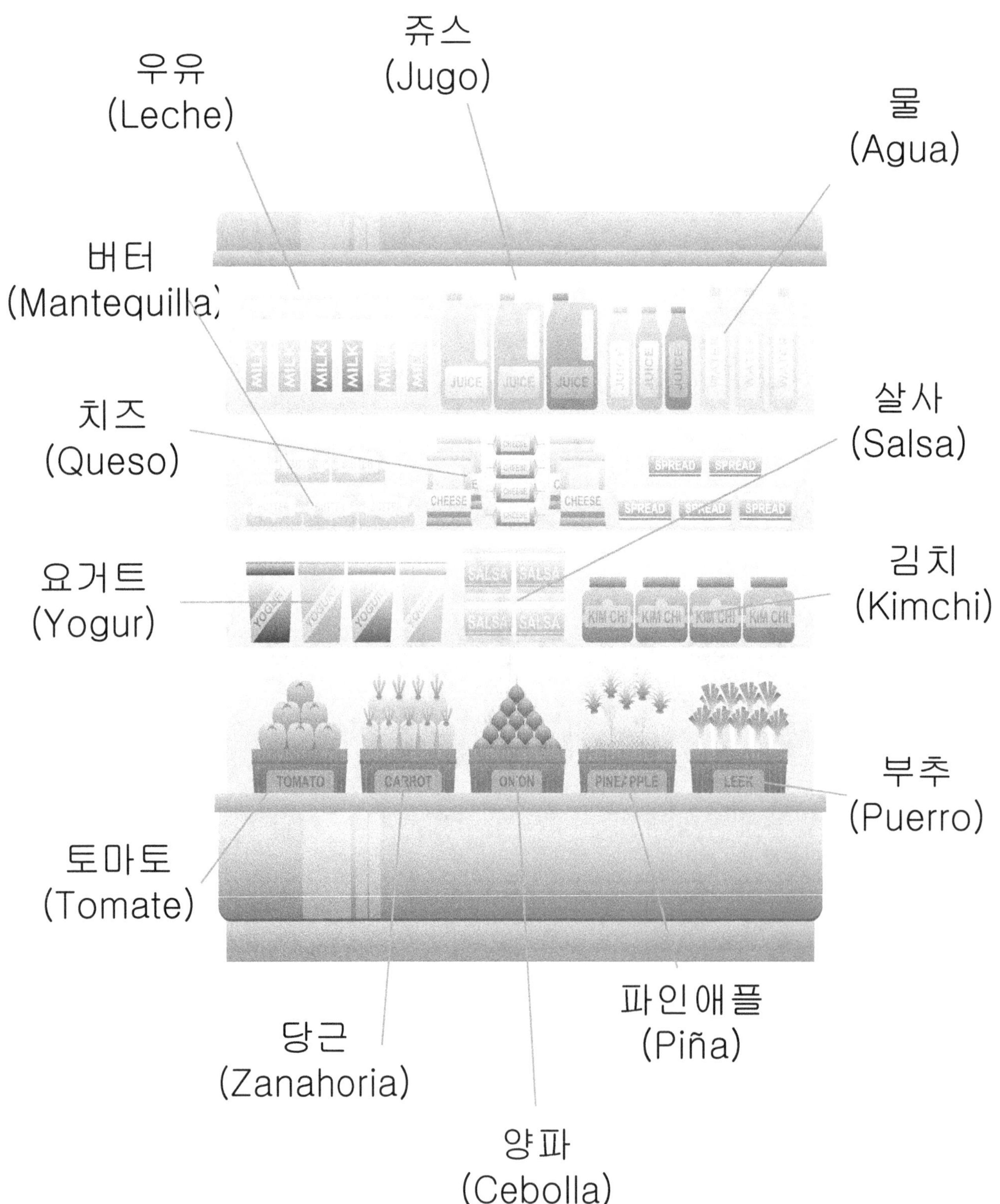

우유
(Leche)
쥬스
(Jugo)
물
(Agua)
버터
(Mantequilla)
치즈
(Queso)
살사
(Salsa)
요거트
(Yogur)
김치
(Kimchi)
토마토
(Tomate)
부추
(Puerro)
당근
(Zanahoria)
양파
(Cebolla)
파인애플
(Piña)

GENTE (사람)

소방관 (Bombero)

우체부 (Cartero)

경찰관 (Oficial de policia)

목수 (Carpintero)

음악가 (Músico)

가수 (Cantante)

기술자 (Ingeniero)

과학자 (Científico)

의사 (Doctor)

요리사 (Cocinero)

미용사 (Peluquero)

이발사 (Barbero)

선생님 (Profesor)

학생 (Estudiante)

사진사 (Fotógrafo)

어부 (Pescador)

간호사 (Enfermera)

연기자 (Actor)

재단사 (Sastre)

농부 (Agricultor)

배관공 (Fontanero)

경비원 (Guardia)

운동선수 (Atleta)

주부 (Ama de casa)

FAMILIA (가족)

엄마 (Mamá)
어머니 (Madre)

아빠 (Papá)
아버지 (Padre)

할머니 (Abuela)

할아버지 (Abuelo)

형 (Masculino a masculino)
오빠 (Mujer a hombre)
(Hermano mayor)

언니 (Mujer a mujer)
누나 (Hombre a mujer)
(Hermana mayor)

동생 (Hermano menor)

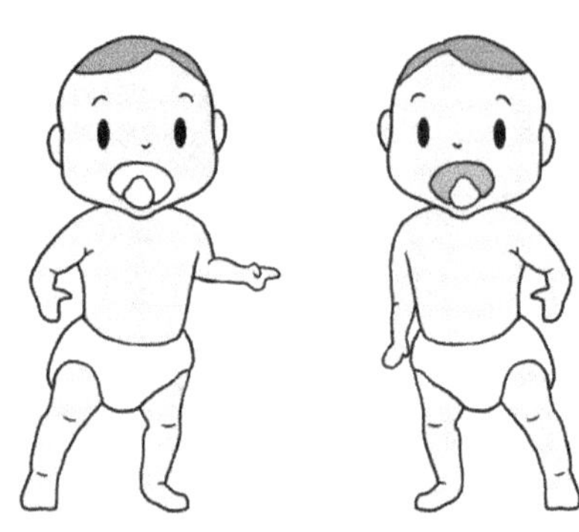

쌍둥이 (Gemelos)
세쌍둥이 (Trillizo)

부부 (Esposo y Esposa)

이모 (Tía)

삼촌 (Tío)

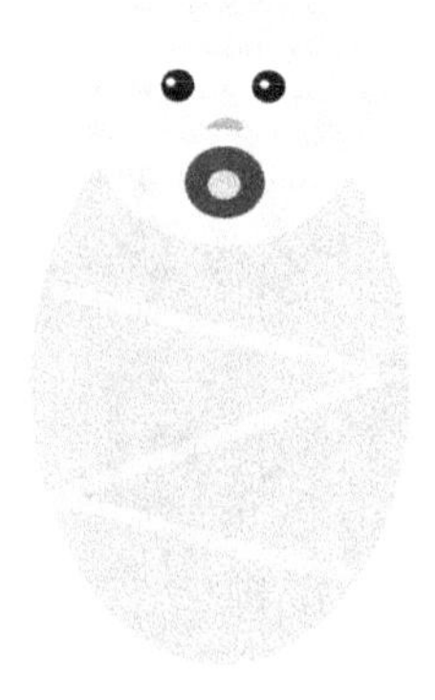

아기 (Bebé)

EMOCIONES(감정)

사랑에 빠진 (Enamorado)	장난기있는 (Juguetón)	놀란 (Sorprendido)	슬픈 (Triste)
익살스러운 (Cómico)	행복한 (Contento)	화난 (Enojado)	기뻐하는 (Alegre)
자신있는 (Confidente)	수줍은 (Tímido)	매력있는 (Encantador)	평온한 (Calma)

TRANSPORTE(교통)

휠/바퀴
(Rueda)
앞유리
(Parabrisas)
손잡이
(Manija de la puerta)
루프/지붕
(Techo)
트렁크
(El maletero)
범퍼
(Parachoque)
후미등
(Luz de la cola)
번호판
(Placa)
전조등
(Faro)
타이어
(Neumático)
안개등
(Luz de niebla)
문
(Puerta)
본네트
(Capó del coche)

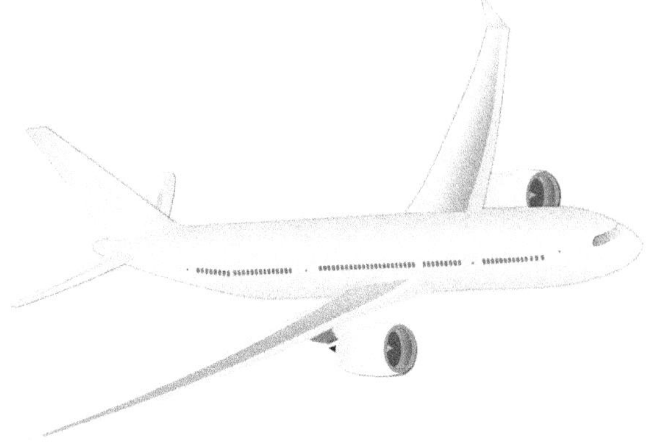

비행기 (Avión)

버스 (Autobús)

자전거 (Bicicleta)

오토바이 (Motocicleta)

기차 (Tren)

지하철 (Subterraneo)

헬리콥터 (Helicóptero)

고속버스 (Autobús exprés)

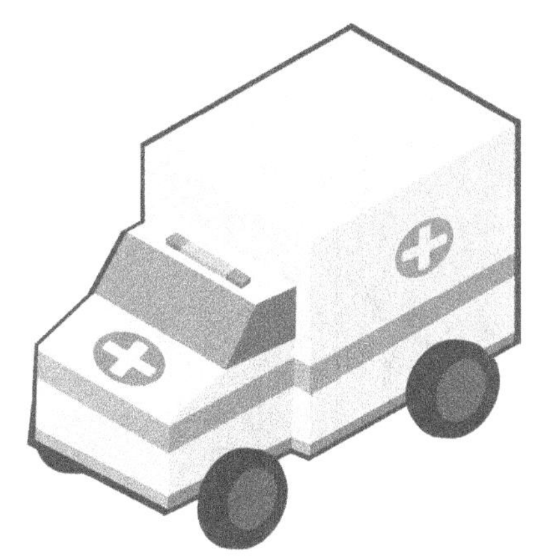

구급차 (Ambulancia)

배 (Enviar)

택시 (Taxi)

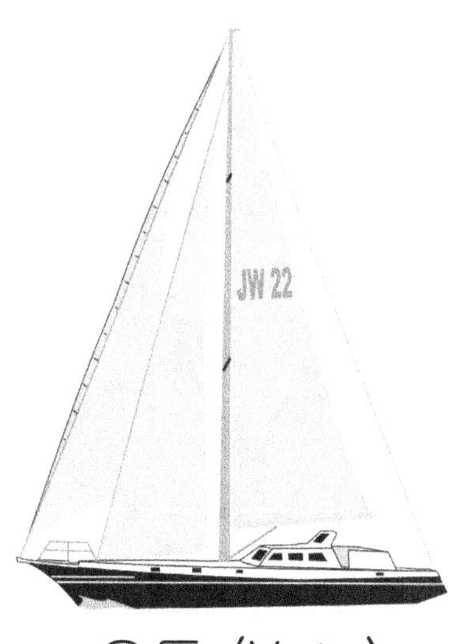

요트 (Yate)

선장 (Capitán)

기장 (Piloto)

운전사 (Conductor)

기관사 (Ingeniero de tren)

선원 (Marinero)

승무원 (Auxiliar de vuelo)

탑승객 (Pasajero)

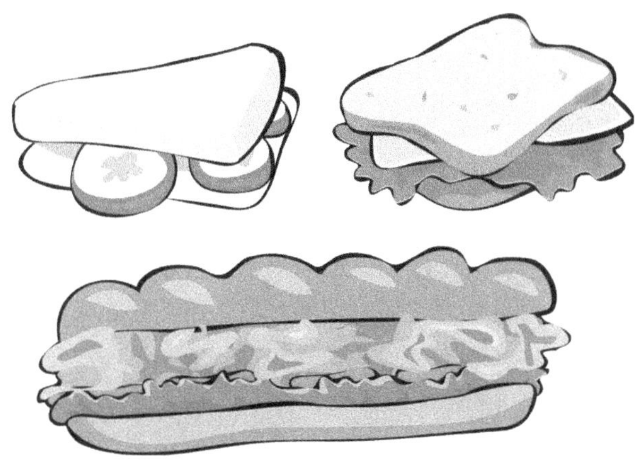

기내식 (Comida en vuelo)

구명조끼 (Chalecos salvavidas)

비상구 (Salida de emergencia)

계단 (Escalera)

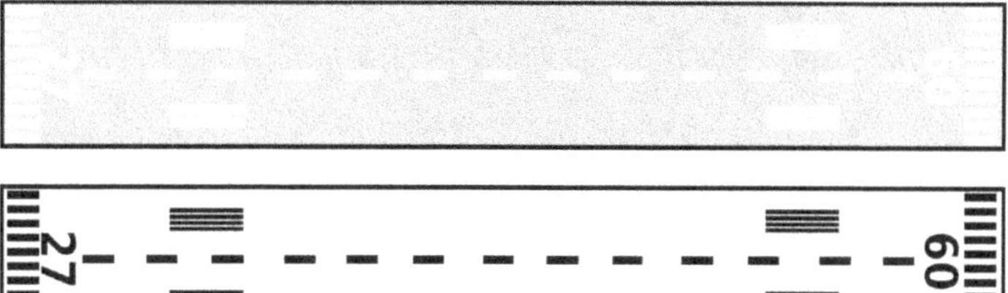

활주로 (Pista)

수하물 (Equipaje)

자물쇠 (Candado)

보안요원 (Personal de mantenimiento)

탑승권 (Tarjeta de embarque)

여권 (Pasaporte)

신분증 (Tarjeta de identificación)

DEPORTES(스포츠)

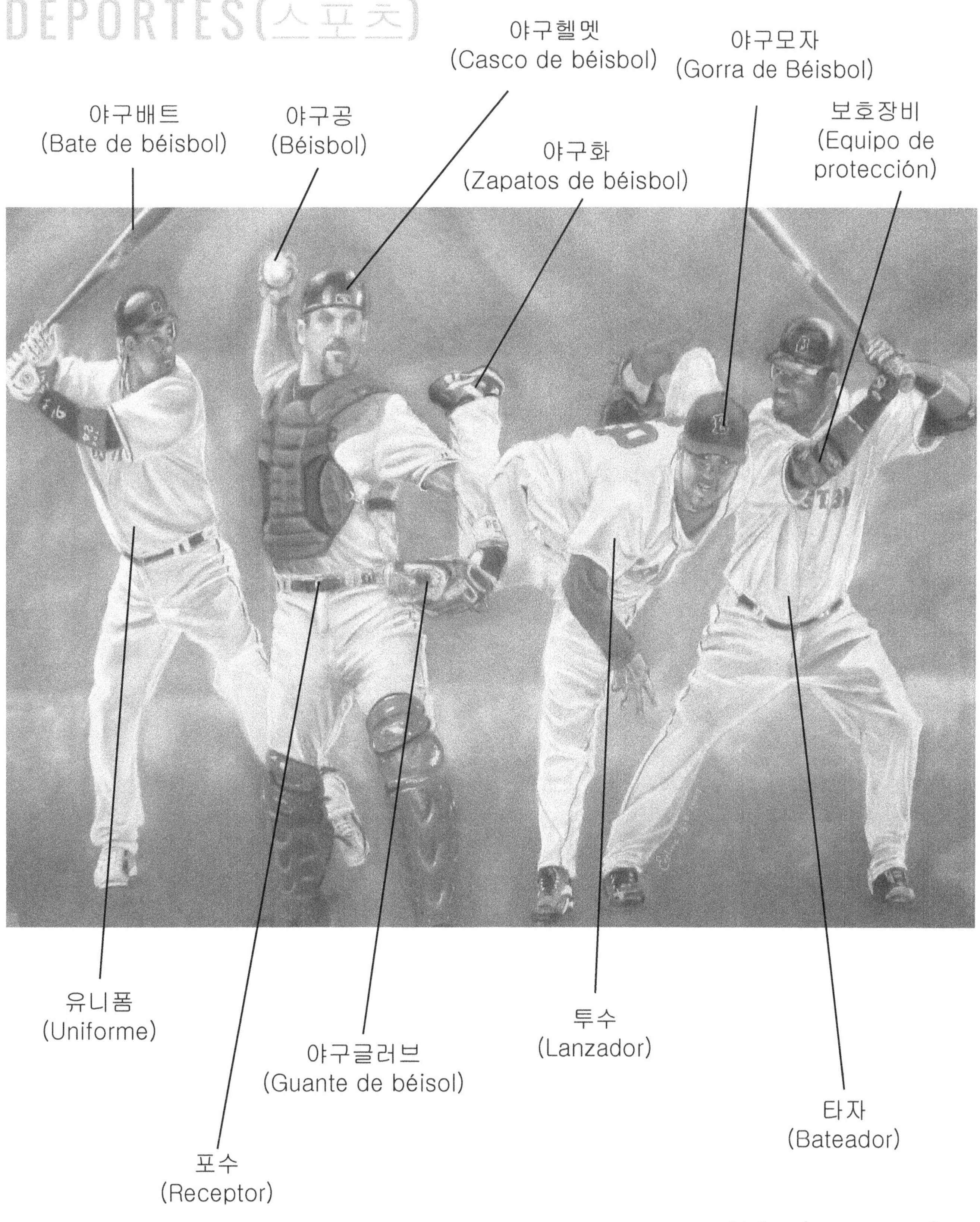

야구 (Béisbol)

배구 (Voleibol)

축구 (Fútbol)

미식축구
(Fútbol Americano)

아이스 하키
(Hockey sobre hielo)

농구 (Baloncesto)

달리기 (Carrera)

양궁
(Tiro al arco)

권투 (Boxeo)

경마 (Las carreras de caballos)

탁구 (Tenis de mesa)

태권도 (Tae Kwon Do)

심판 (Árbitro)

경기장 (Estadio)

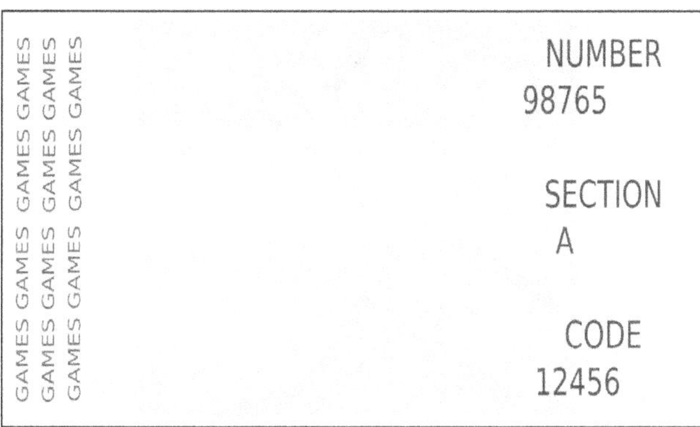

입장권
(Boleto de admisión)

관중
(Audiencia)

시상대 (Podios)

결승선 (Línea de meta)

야구 배트
(Bate de béisbol)

축구화 (Zapatos de Fútbol)

트로피 (Trofeo)

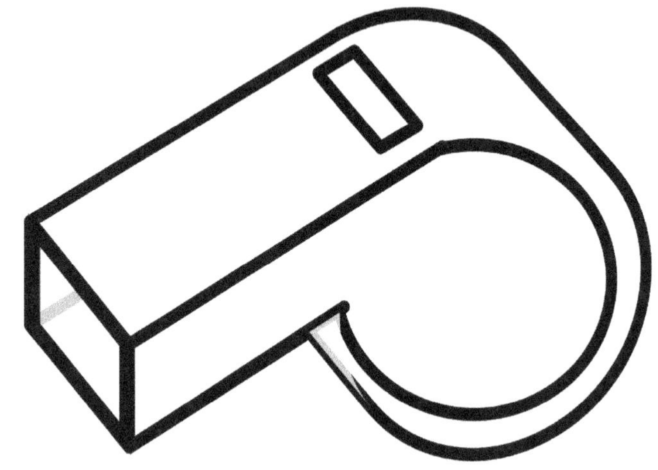

호루라기(Silbato)

운동복 (Traje deportivo)

야구 글러브
(guante de béisbol)

줄넘기 (Cuerda de salto)

턱걸이 (barra fija)

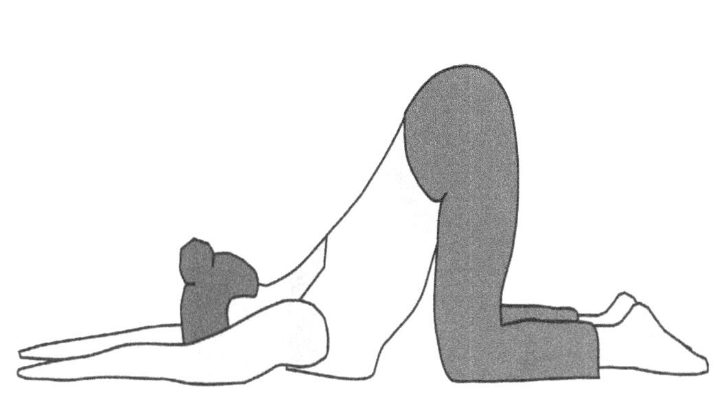

요가 (Yoga)

윗몸 일으키기
(Ejercicio abdominal)

러닝머신 (Rueda de andar)

ANIMALES(동물)

눈
(Ojos)
줄무늬
(Rayas)
귀
(Oreja)
이마
(Frente)
미간
(Entrecejo)
코
(Nariz)
송곳니
(Colmillo)
앞니
(Diente delantero)
이빨
(Diente de un animal)
혀
(Lengua)
수염
(Bigote)

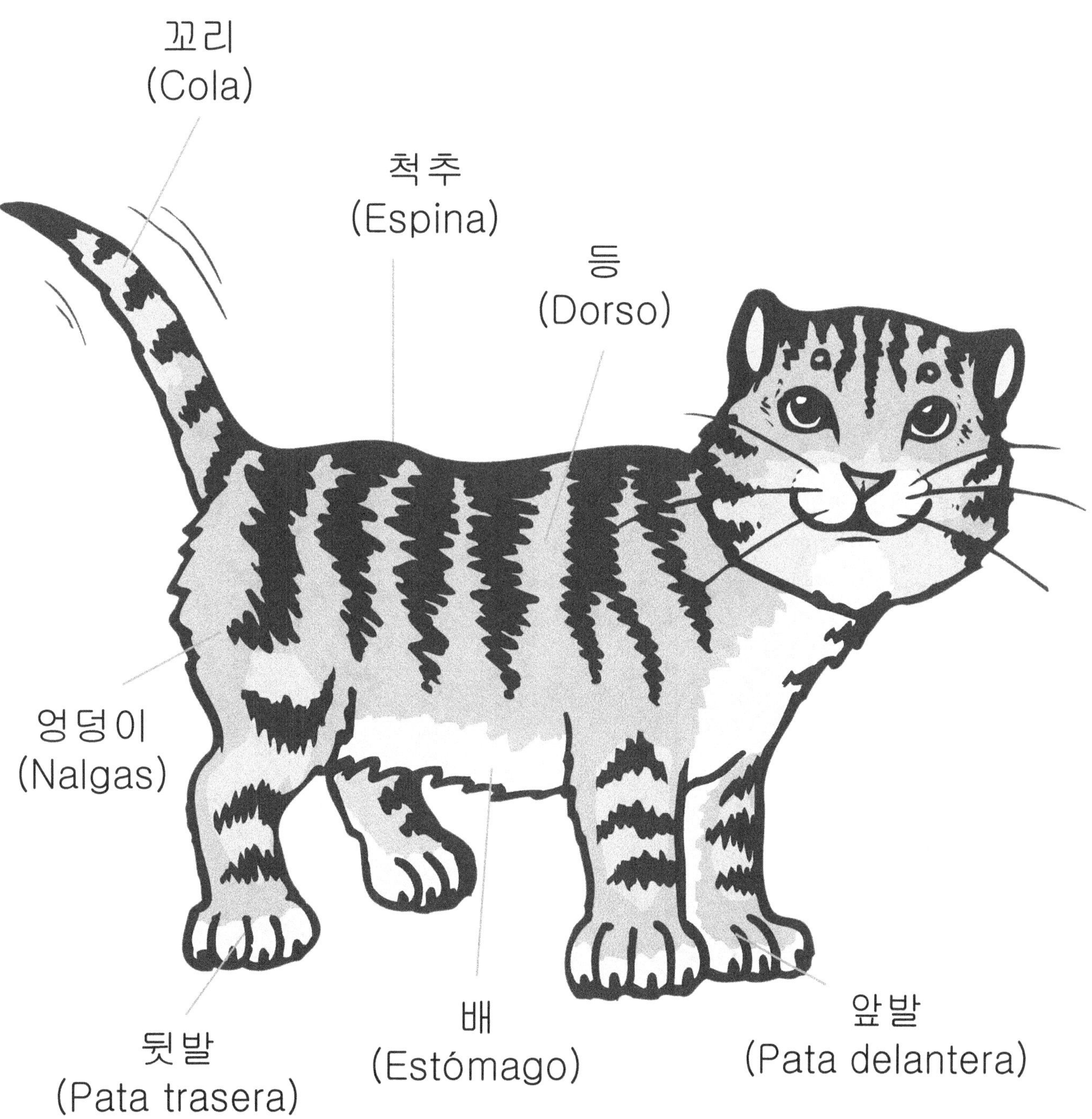

꼬리
(Cola)
척추
(Espina)
등
(Dorso)
엉덩이
(Nalgas)
뒷발
(Pata trasera)
배
(Estómago)
앞발
(Pata delantera)

코끼리 (Elefante)

사자 (León)

코뿔소 (Rinoceronte)

기린 (Jirafa)

소 (Vaca)

나무늘보 (Perezoso)

양 (Oveja)

말 (Caballo)

개 (Perro)
강아지 (Perrito)

고양이 (Gato)
새끼고양이 (Gatito)

하마 (Hipopótamo)

토끼 (Conejo)

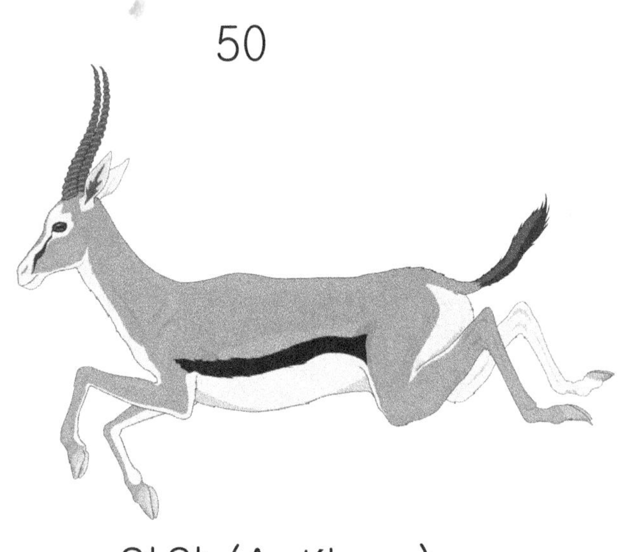

영양 (Antílope)

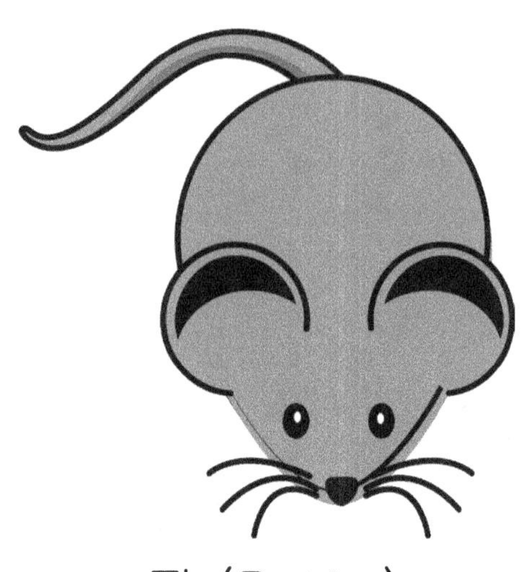

쥐 (Ratón)

호랑이 (Tigre)

늑대 (Lobo)

사슴 (Ciervo)

원숭이 (Mono)

표범 (Leopardo)

얼룩말 (Cebra)

여우 (Zorro)

고슴도치 (Erizo)

두더지 (Topo)

다람쥐 (Ardilla)

오소리 (Tejón)

너구리 (Mapache)

돌고래 (Delfín)

수달 (Nutria)

물개 (Foca)

곰 (Oso)

AVES(새/조류)

닭 (Pollo)

오리 (Pato)

거위 (Ganso)

독수리 (Águila)

앵무새 (Loro)

올빼미 (Búho)

두루미 (Grua)

백조 (Cisne)

갈매기 (Gaviota)

타조 (Avestruz)

펭귄 (Pingüino)

까마귀 (Cuervo)

공작새 (Pavo real)

칠면조 (Guajolote)

파랑새
(Azulejo pajaro)

참새 (Gorrión)

매 (Halcón)

황새 (Cigüeña)

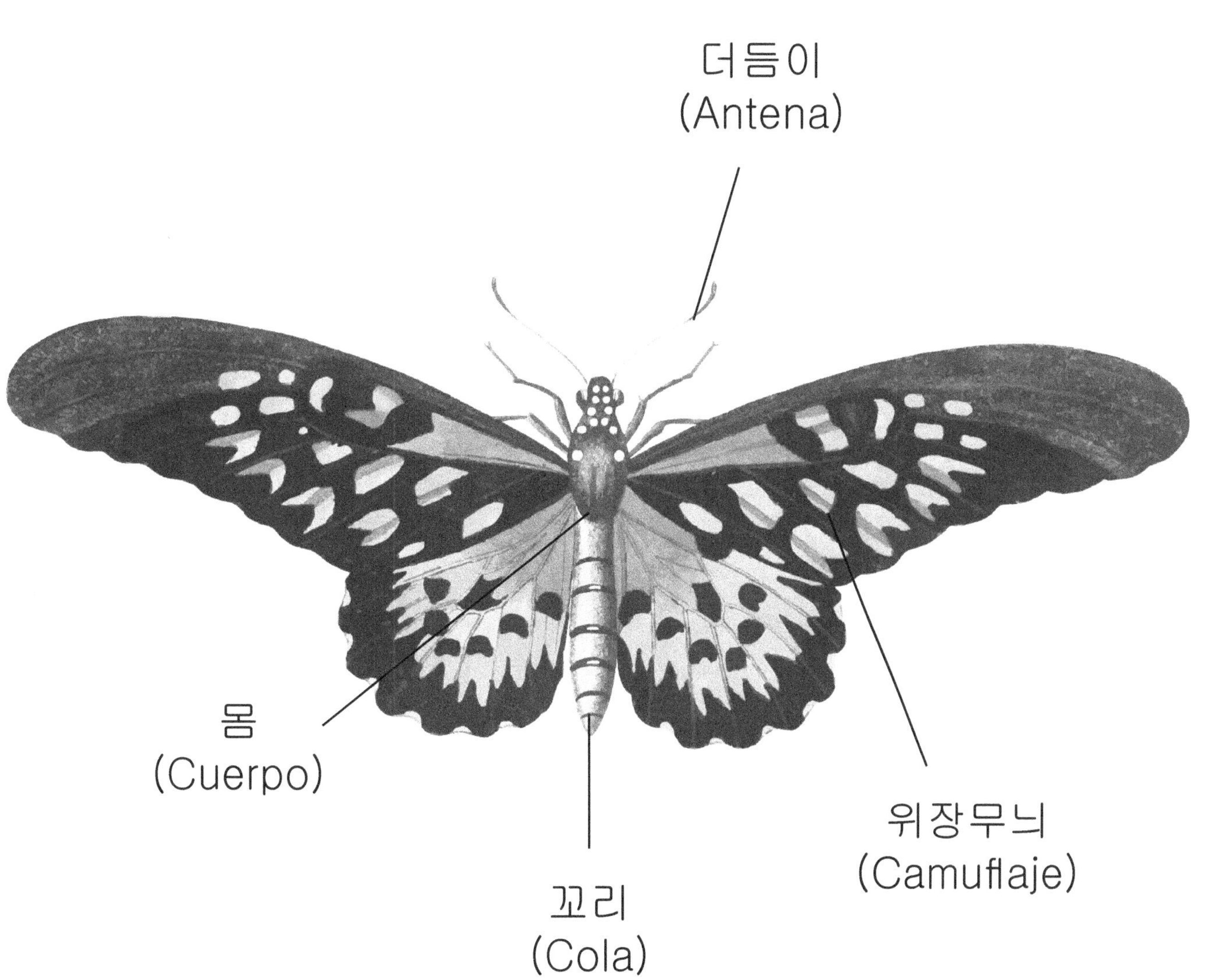

나비
(Mariposa)

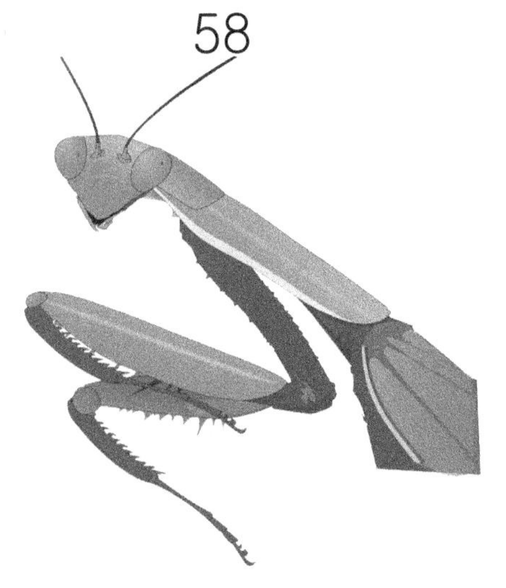

사마귀 (Mantis)

개미 (Hormiga)

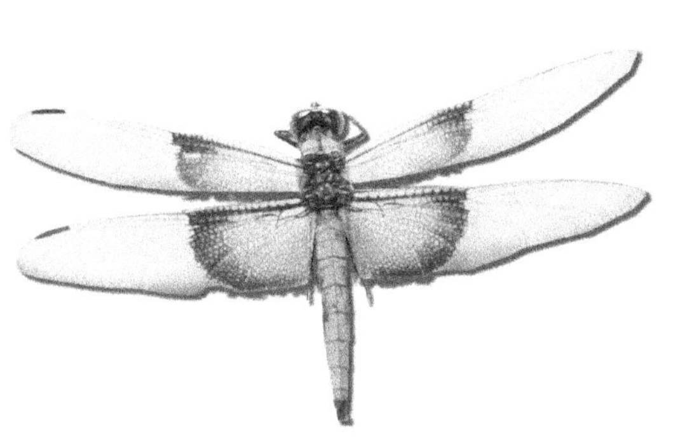

잠자리 (Libélula)

나방 (Polilla)

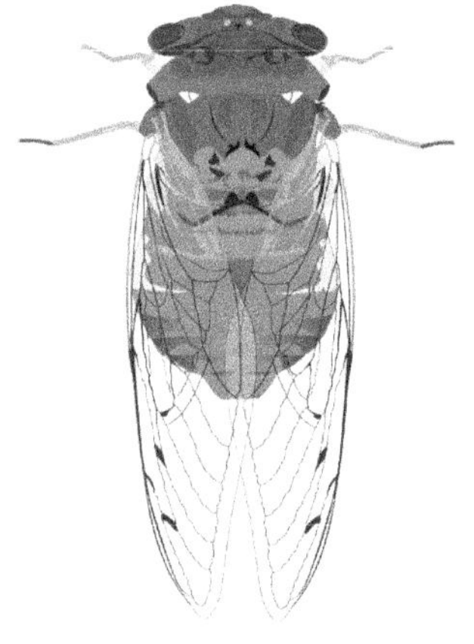

매미 (Cigarra)

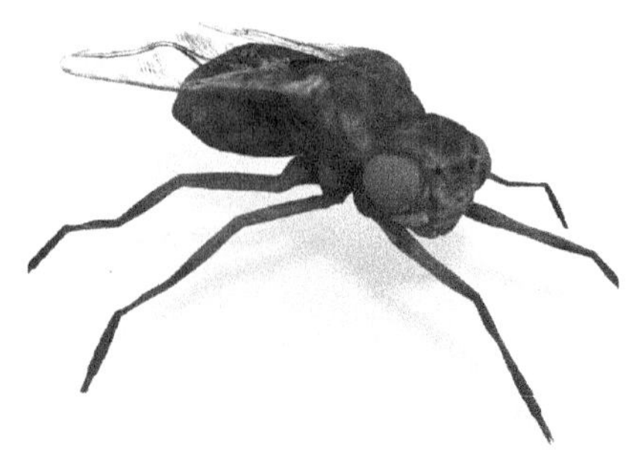

파리 (Mosca)

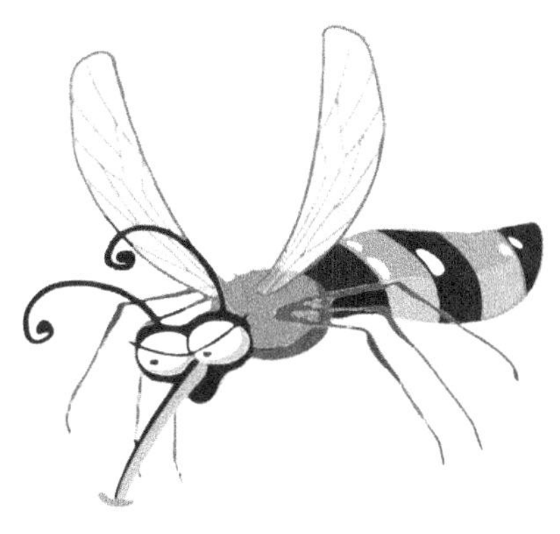

모기 (Mosquito)

무당벌레 (Mariquita)

벌 (Abeja)

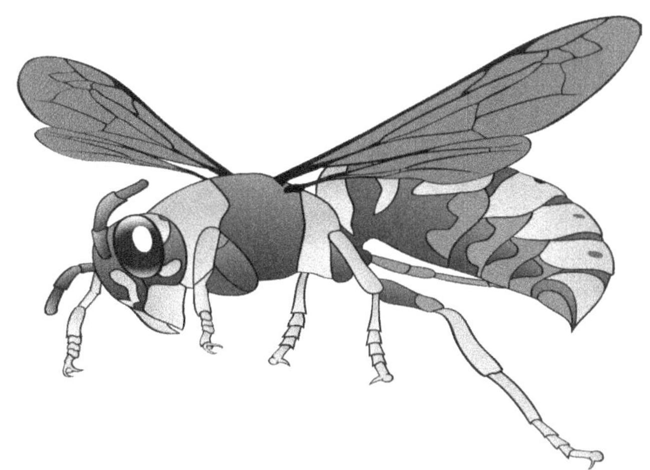

말벌 (Avispa)

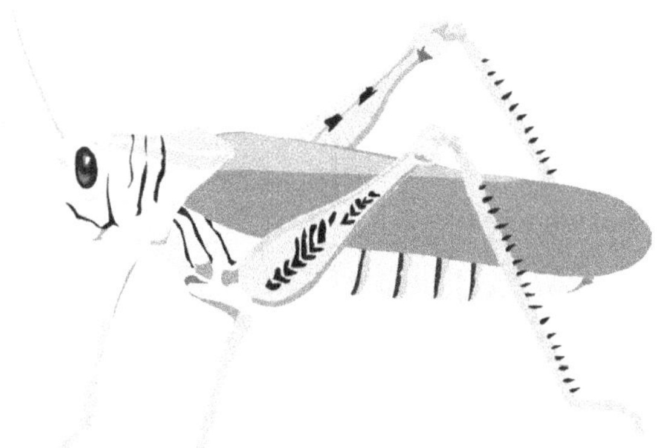

메뚜기 (Saltamontes)

애벌레 (Larva)

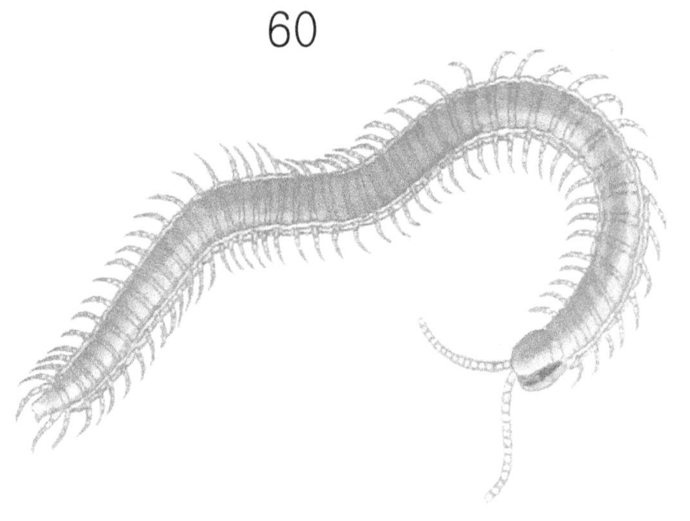

지네 (Ciempiés)

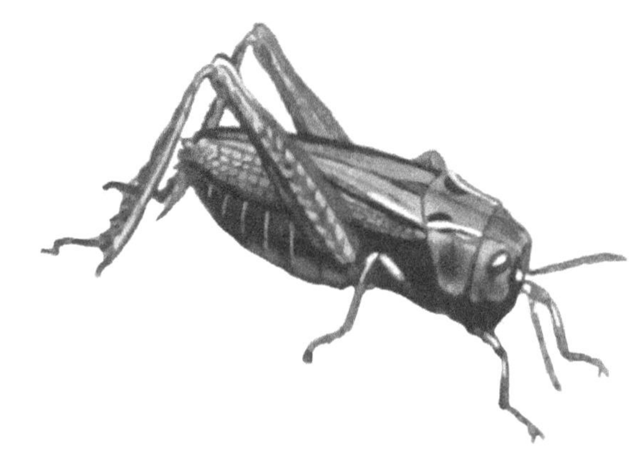

귀뚜라미 (Grillo)

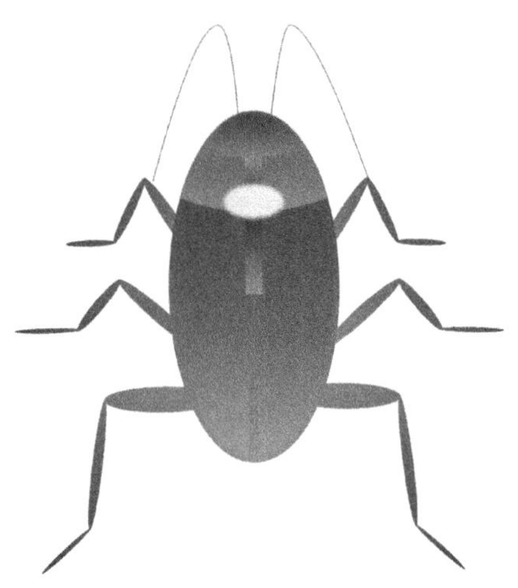

바퀴벌레
(Cucaracha)

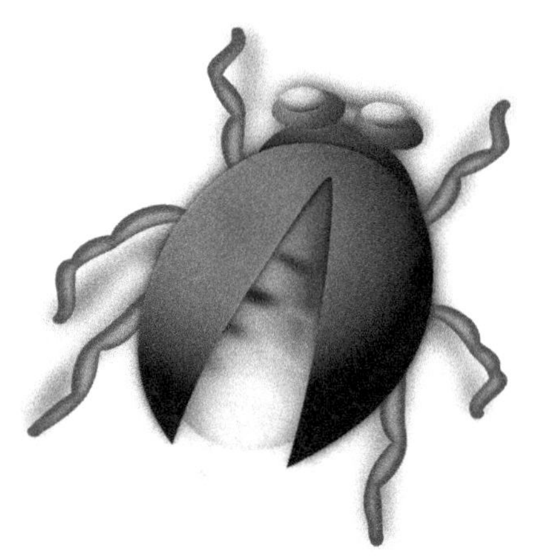

개똥벌레
(Luciérnaga)

풍뎅이 (Escarabajo)

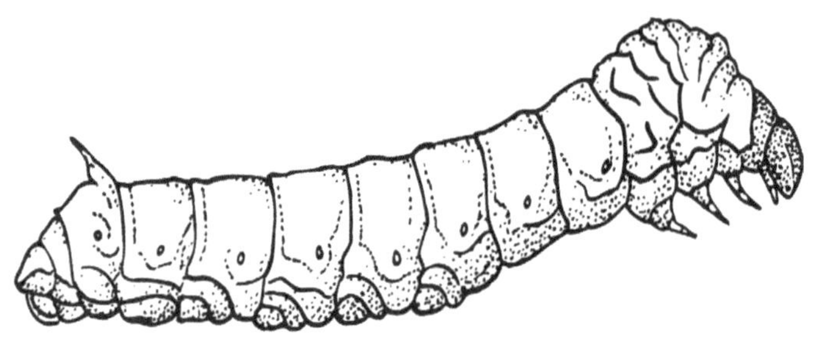

누에 (Gusano de seda)

PESCADO/VIDA MARINA(물고기/해양생물)

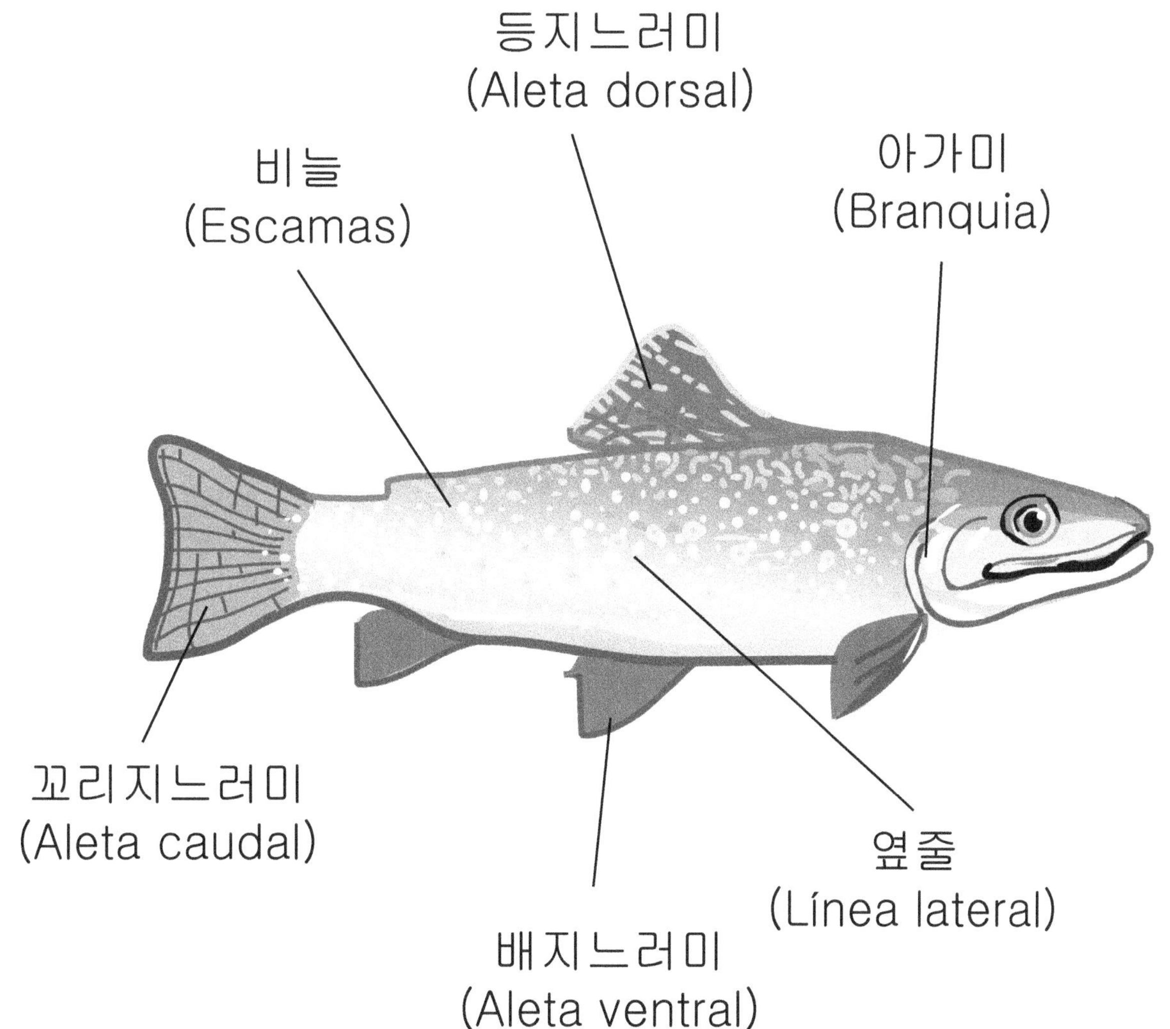

상어 (Tiburón)

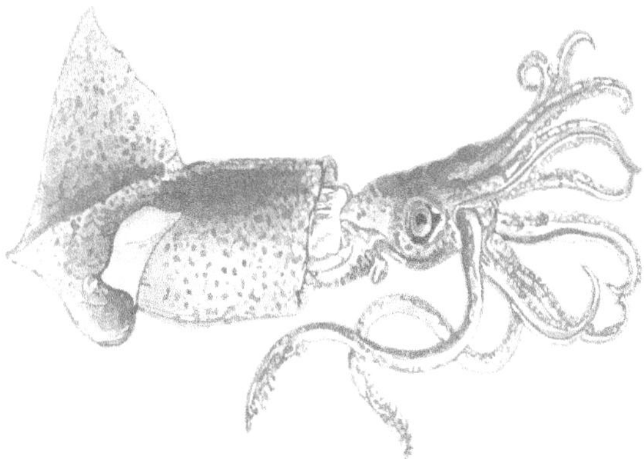

오징어 (Calamar)

문어 (Pulpo)

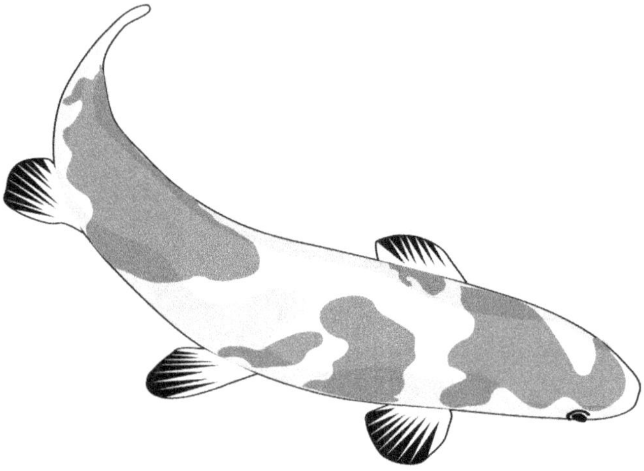

잉어 (Carpa)

불가사리 (Estrella de mar)

해파리 (Medusa)

해마 (Caballo de mar)

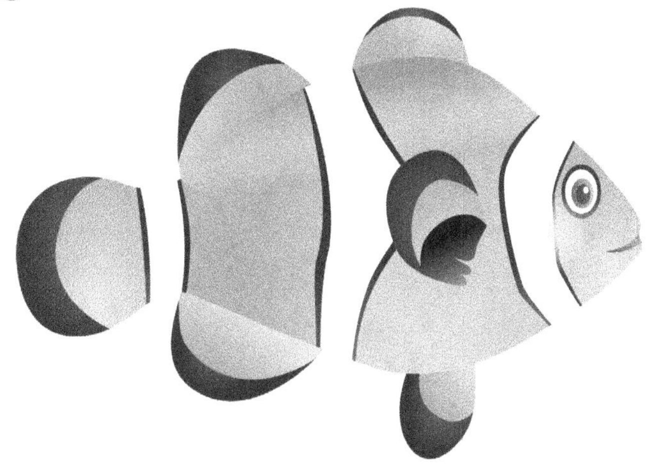

열대어 (Pez tropical)

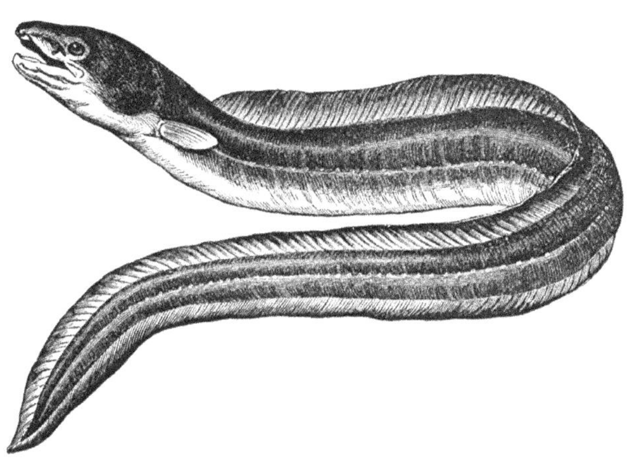

장어 (Anguila)

참치 (Atún)

거북이 (Tortuga)

소라 (Concha)

민물가재
(Cangrejo de río)

새우 (Camarón)

해초
(Algas marinas)

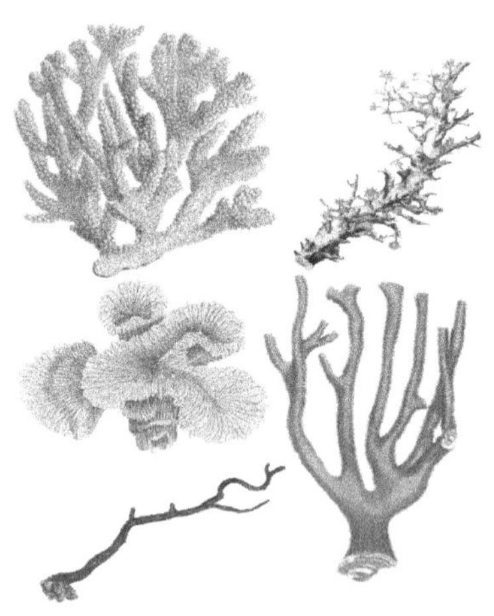

산호 (Coral)

황새치 (Pez espada)

굴 (Ostra)

REPTILES/ANFIBIOS (파충류/양서류)

도마뱀 (Lagartija)

뱀 (Serpiente)

악어 (Caimán)

카멜레온 (Camaleón)

두꺼비 (Sapo)

개구리 (Rana)

이구아나 (Iguana)

공룡 (Dinosaurio)

방울뱀
(Serpiente de cascabel)

도롱뇽 (Salamandra)

코브라 (Cobra)

PLANTAS/FRUTAS/NUECES/VERDURAS
(식물/과일/견과류/야채)

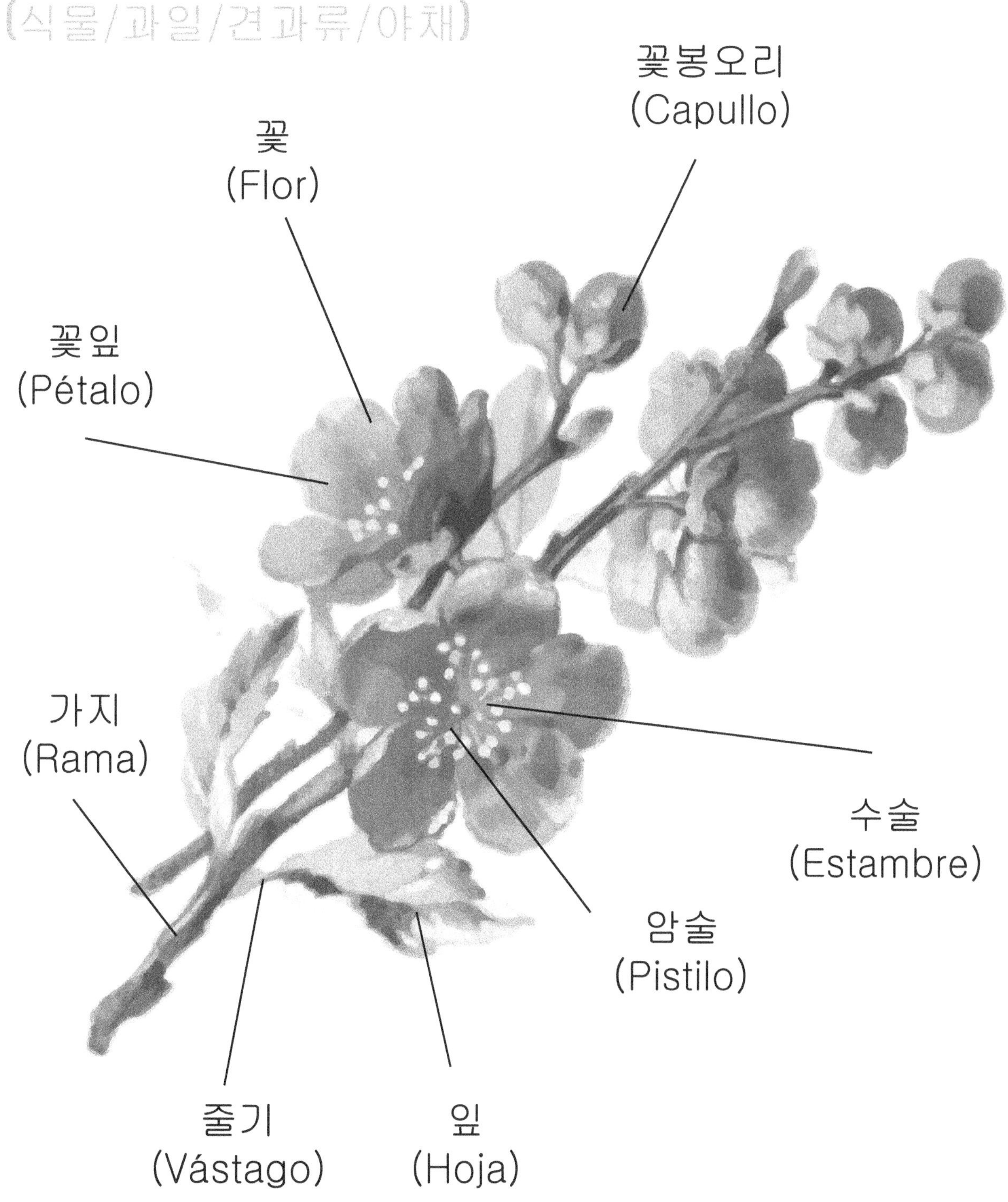

장미 (Rosa)

해바라기 (Girasol)

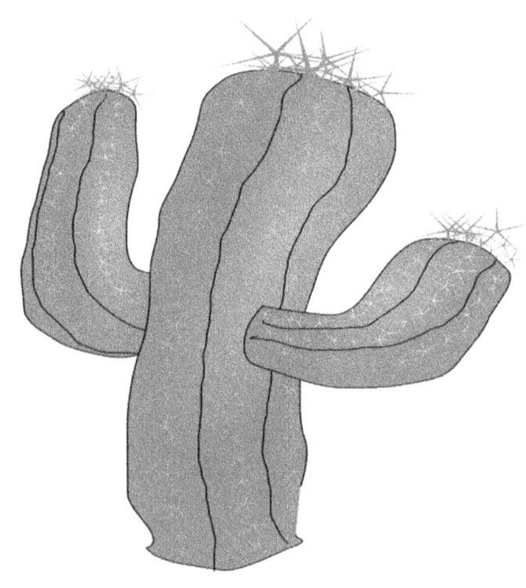

선인장 (Cactus)

벚꽃 (Flor de cerezo)

연꽃 (Loto)

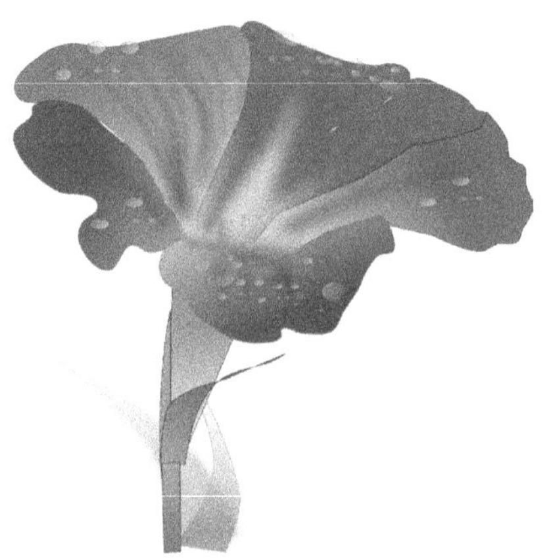

나팔꽃 (Gloria de la mañana)

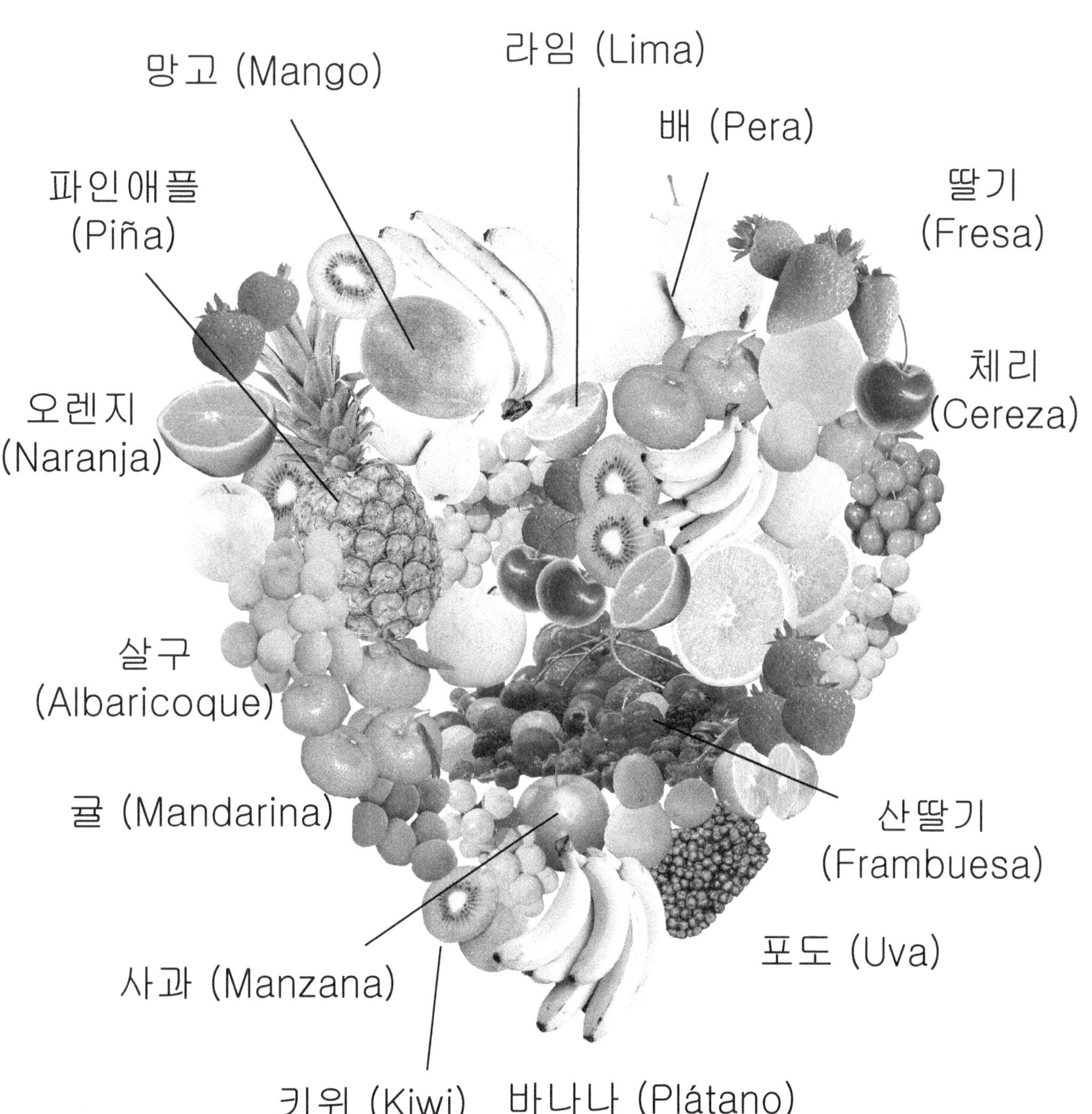
망고 (Mango)
라임 (Lima)
배 (Pera)
파인애플
(Piña)
딸기
(Fresa)
체리
(Cereza)
오렌지
(Naranja)
살구
(Albaricoque)
귤 (Mandarina)
산딸기
(Frambuesa)
포도 (Uva)
사과 (Manzana)
키위 (Kiwi)
바나나 (Plátano)

수박 (Sandía)

복숭아 (Melocotón)

석류 (Granada)

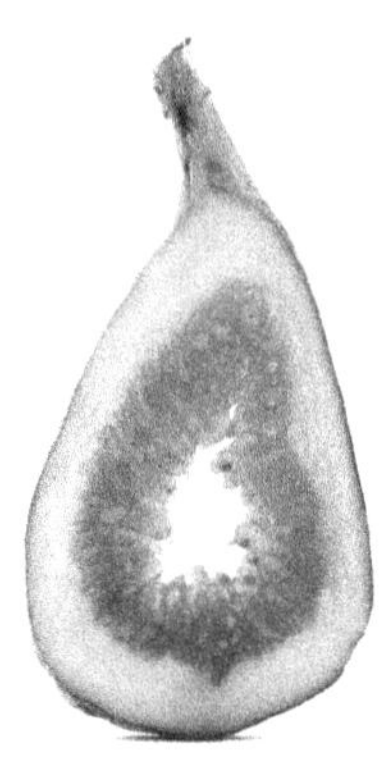

무화과 (Higo)

건포도 (Pasa)

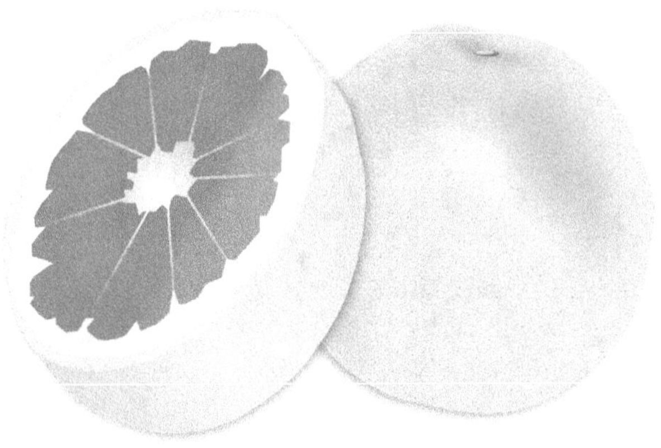

자몽 (Pomelo)

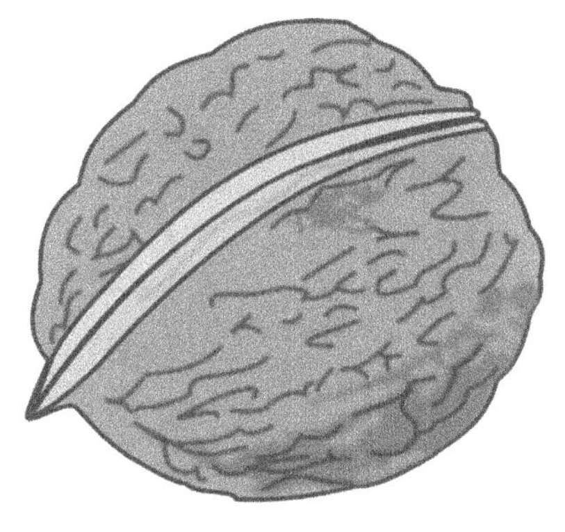

호두 (Nuez)

땅콩 (Maní)

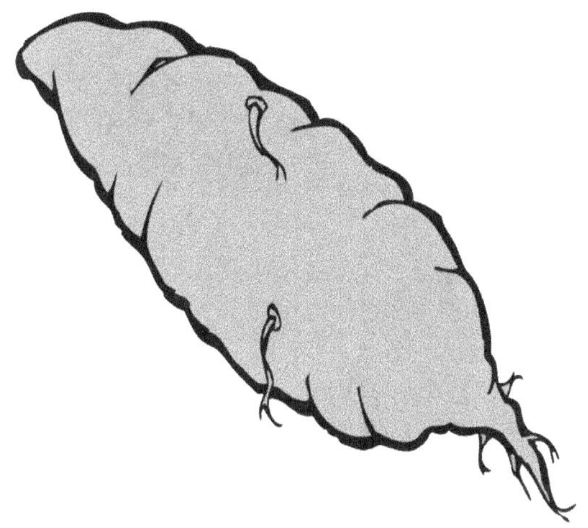

고구마 (Batata)

밤 (Castaña)

양파 (Cebolla)

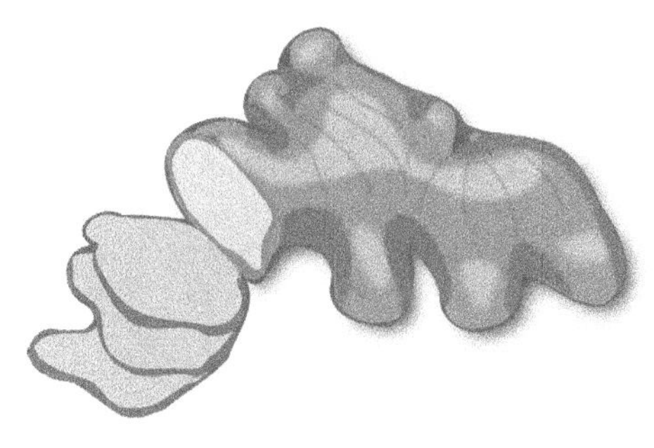

생강 (Jengibre)

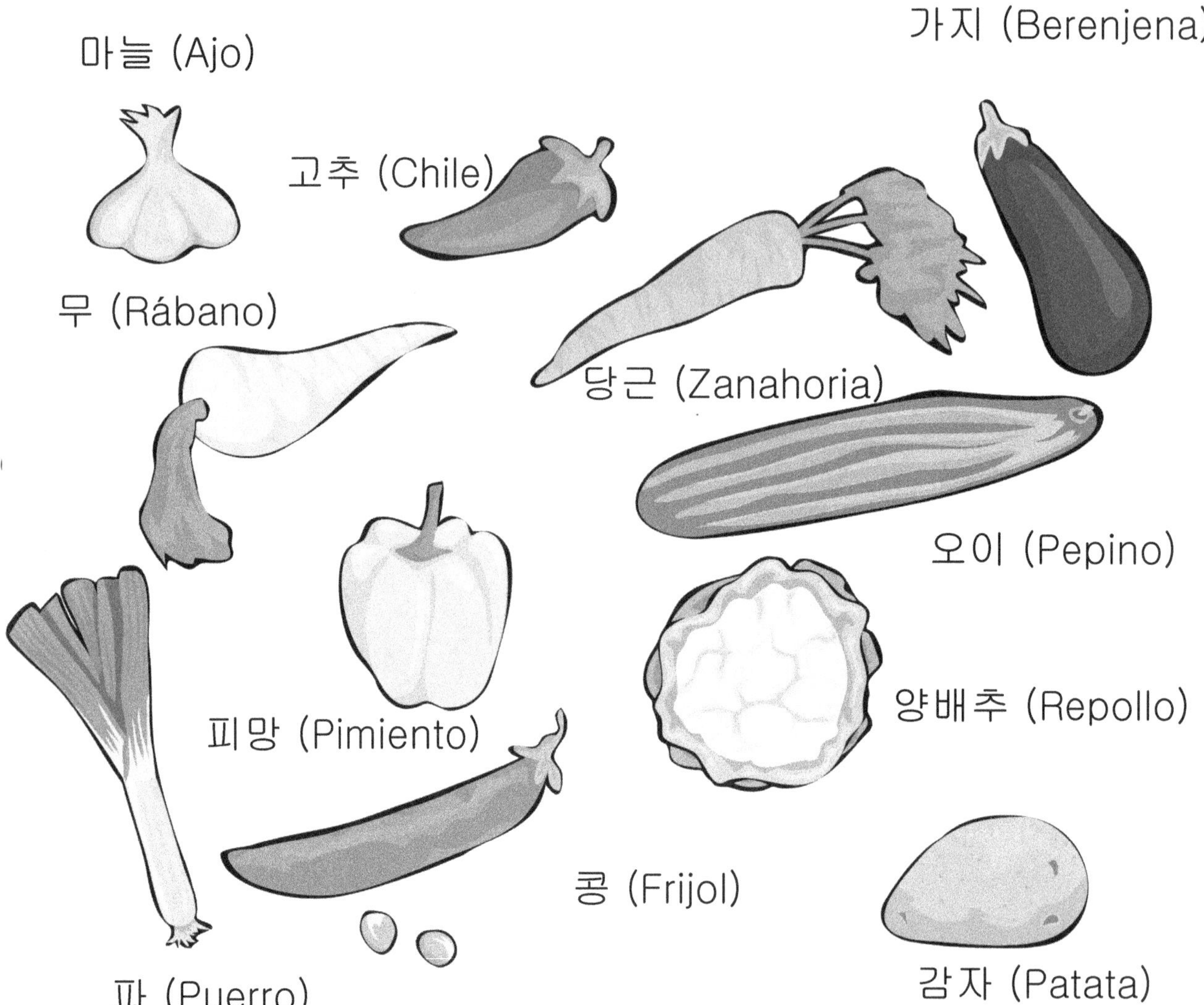

마늘 (Ajo)
가지 (Berenjena)
고추 (Chile)
무 (Rábano)
당근 (Zanahoria)
오이 (Pepino)
피망 (Pimiento)
양배추 (Repollo)
콩 (Frijol)
파 (Puerro)
감자 (Patata)

COLEGIO(학교)

교실 (Aula)
선생님 (Profesor)
학생 (Estudiante)
칠판 (Pizarra)
2+3=5
3+4=
책상 (Escritorio)

연필 (Lápiz)

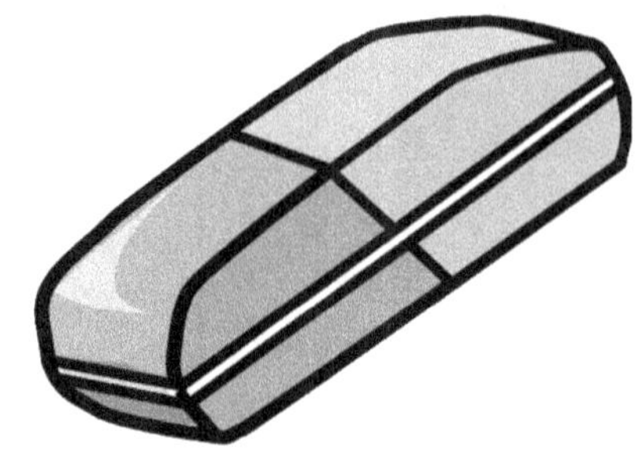

지우개 (Borrador)

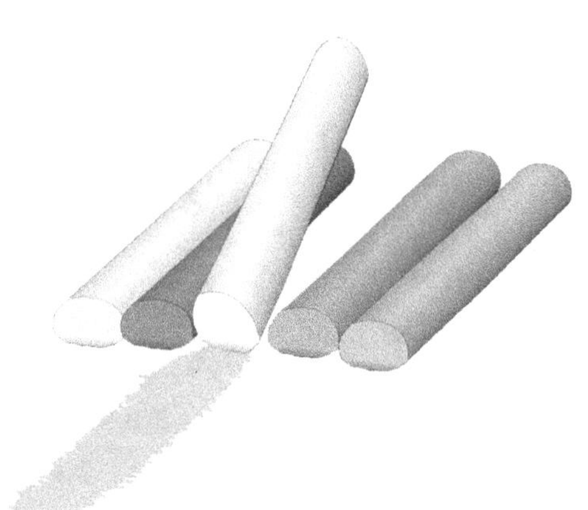

분필 (Tiza)

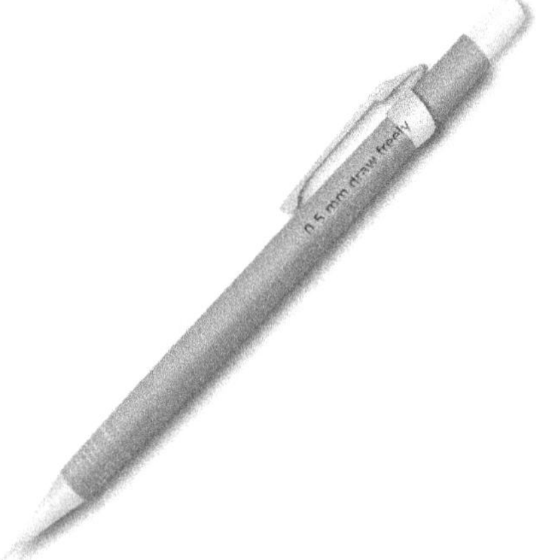

샤프 (Portaminas)

볼펜 (Bolígrafo)

공책 (Cuaderno)

책 (Libro)

책가방 (Mochila)

도시락
(Portacomidas)

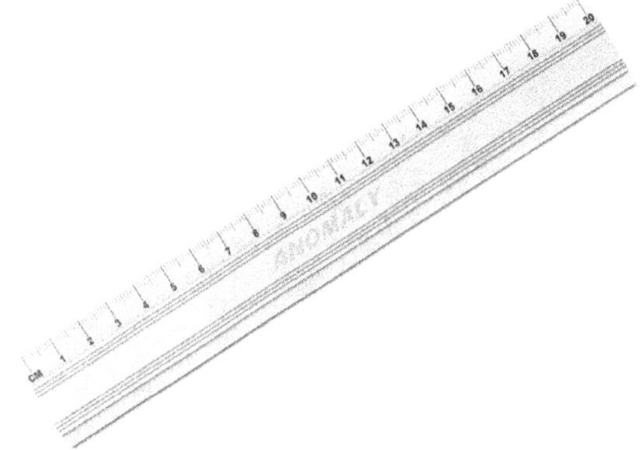

자 (Regla)

체육관 (Gimnasio)

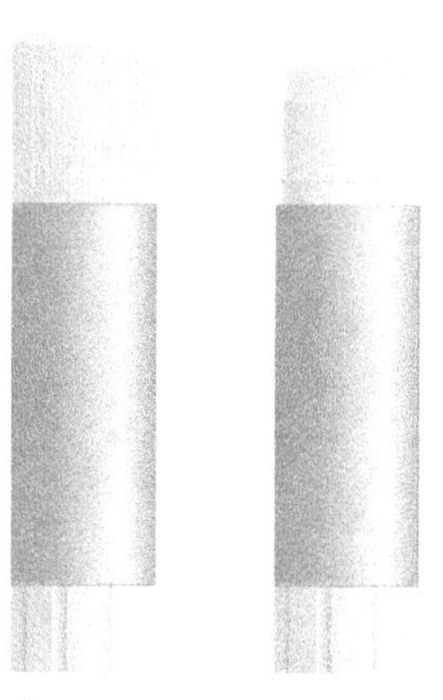

풀 (Pegamento)

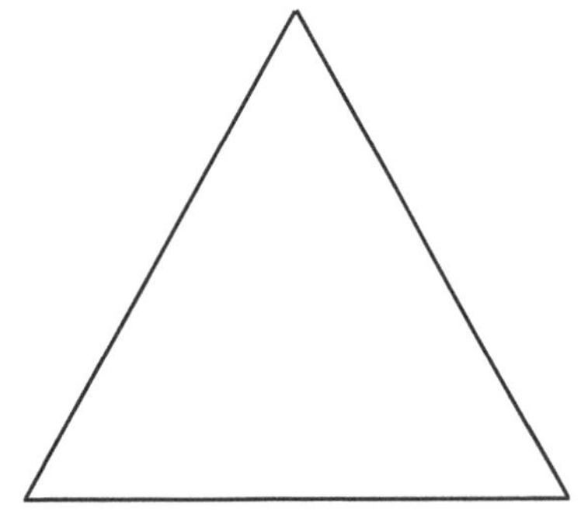

삼각형 (Triángulo)

직사각형 (Rectángulo)

정사각형 (Cuadrado)

오각형 (Pentágono)

육각형 (Hexágono)

원 (Circulo)

원통 (Cilindro)

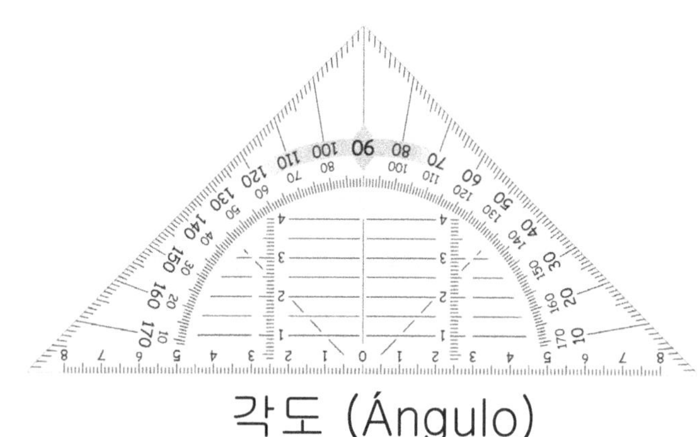

각도 (Ángulo)

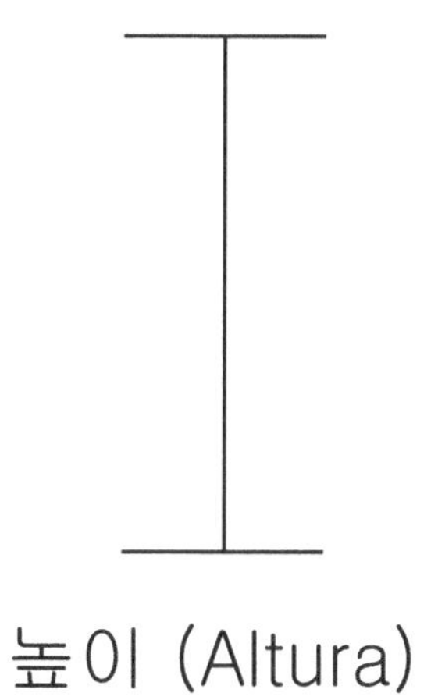

높이 (Altura)

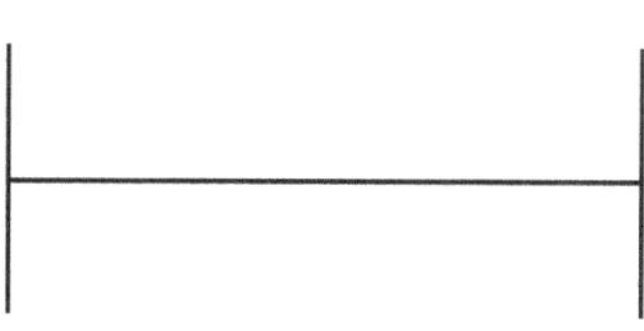

넓이 (Anchura)

더하기 (Adición)

빼기 (Sustracción)

나누기 (División)

곱하기 (Multiplicación)

등호 (Signo igual)

분수 (Fraction)

계산기 (Calculadora)

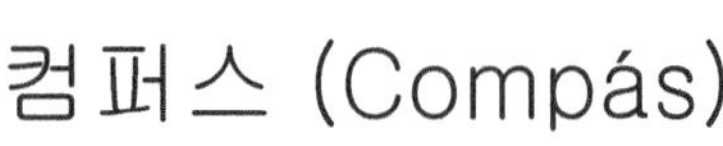

컴퍼스 (Compás)

SISTEMA SOLAR(태양계)

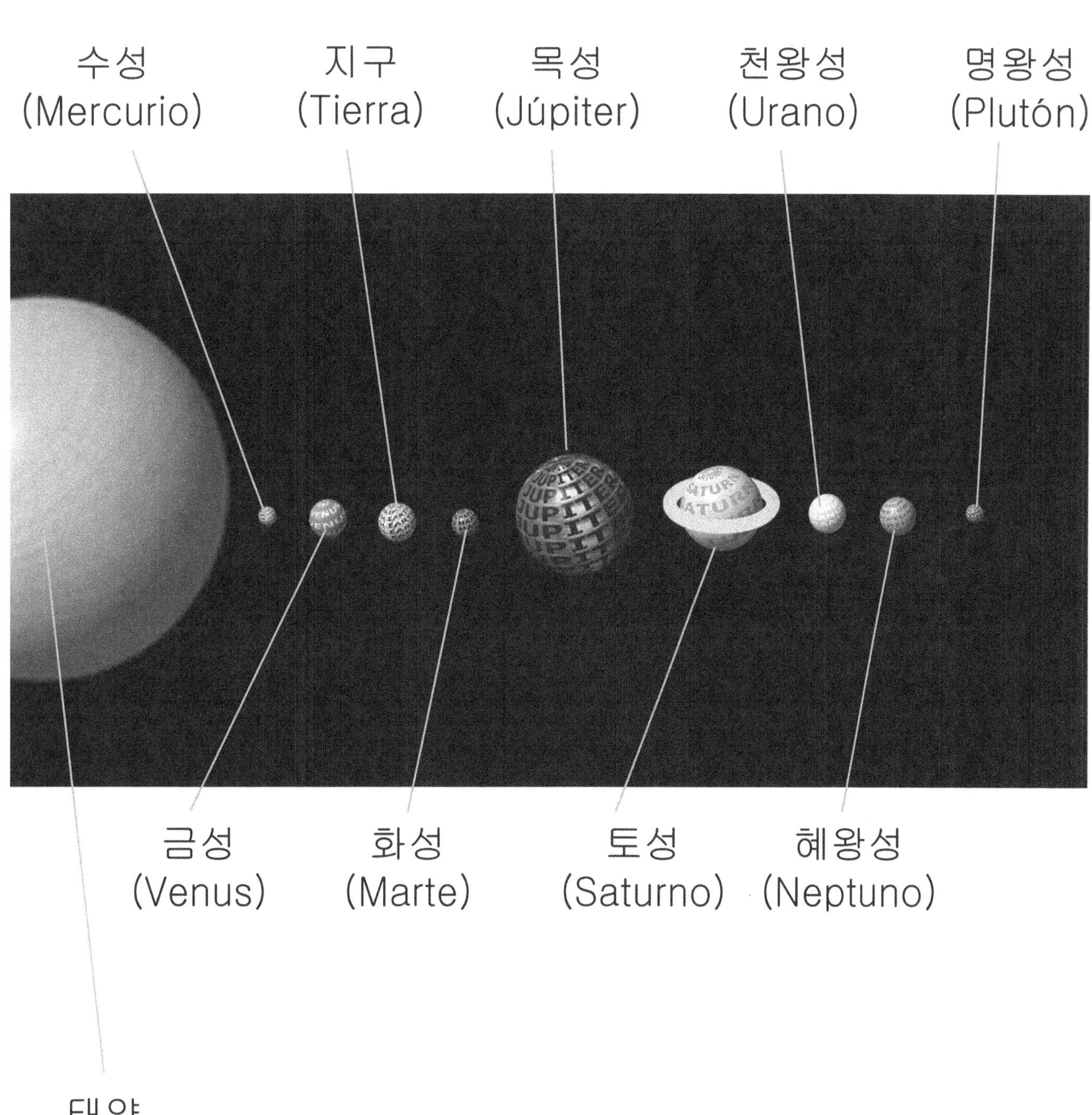

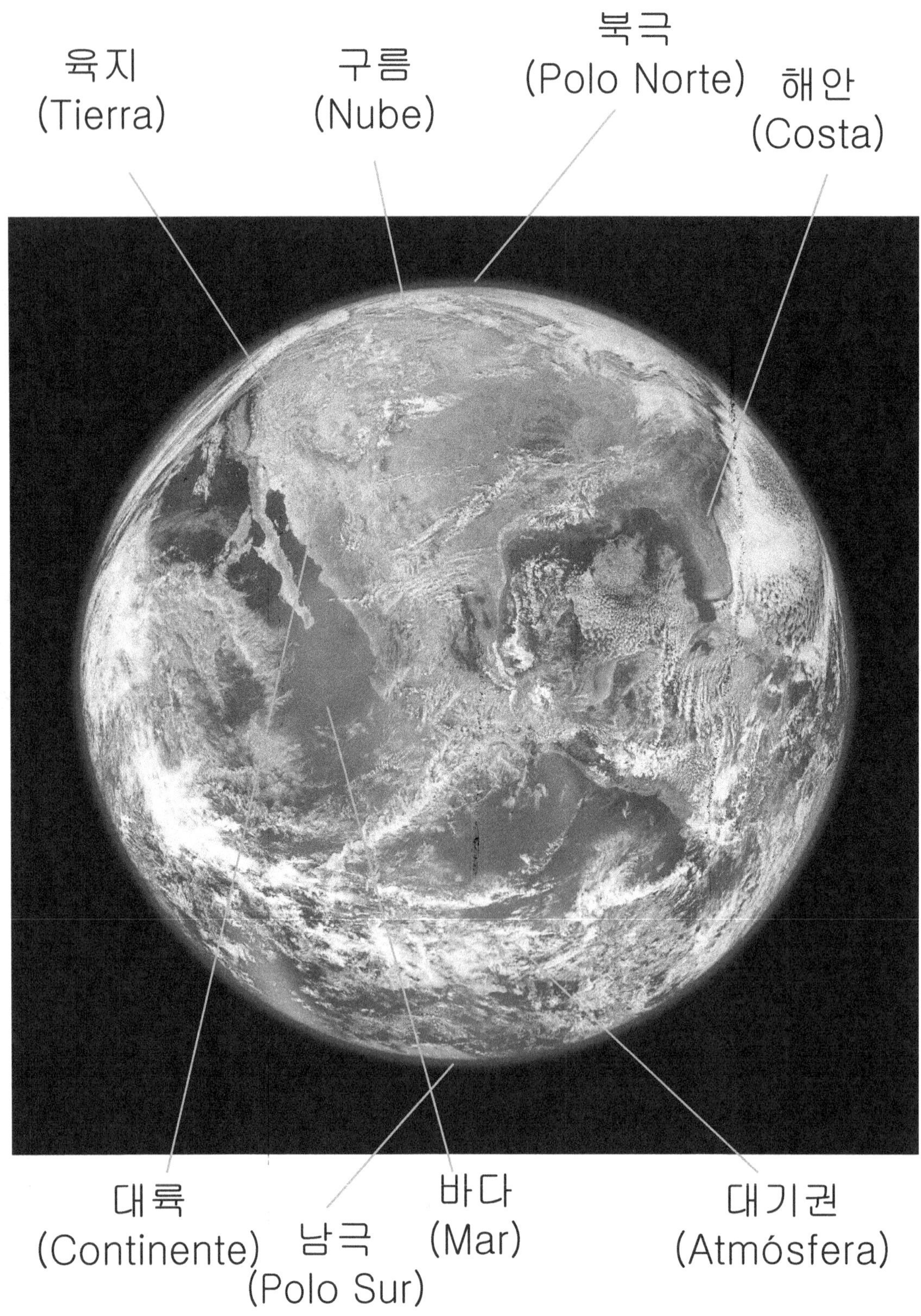
육지
(Tierra)
구름
(Nube)
북극
(Polo Norte)
해안
(Costa)
대륙
(Continente)
남극
(Polo Sur)
바다
(Mar)
대기권
(Atmósfera)

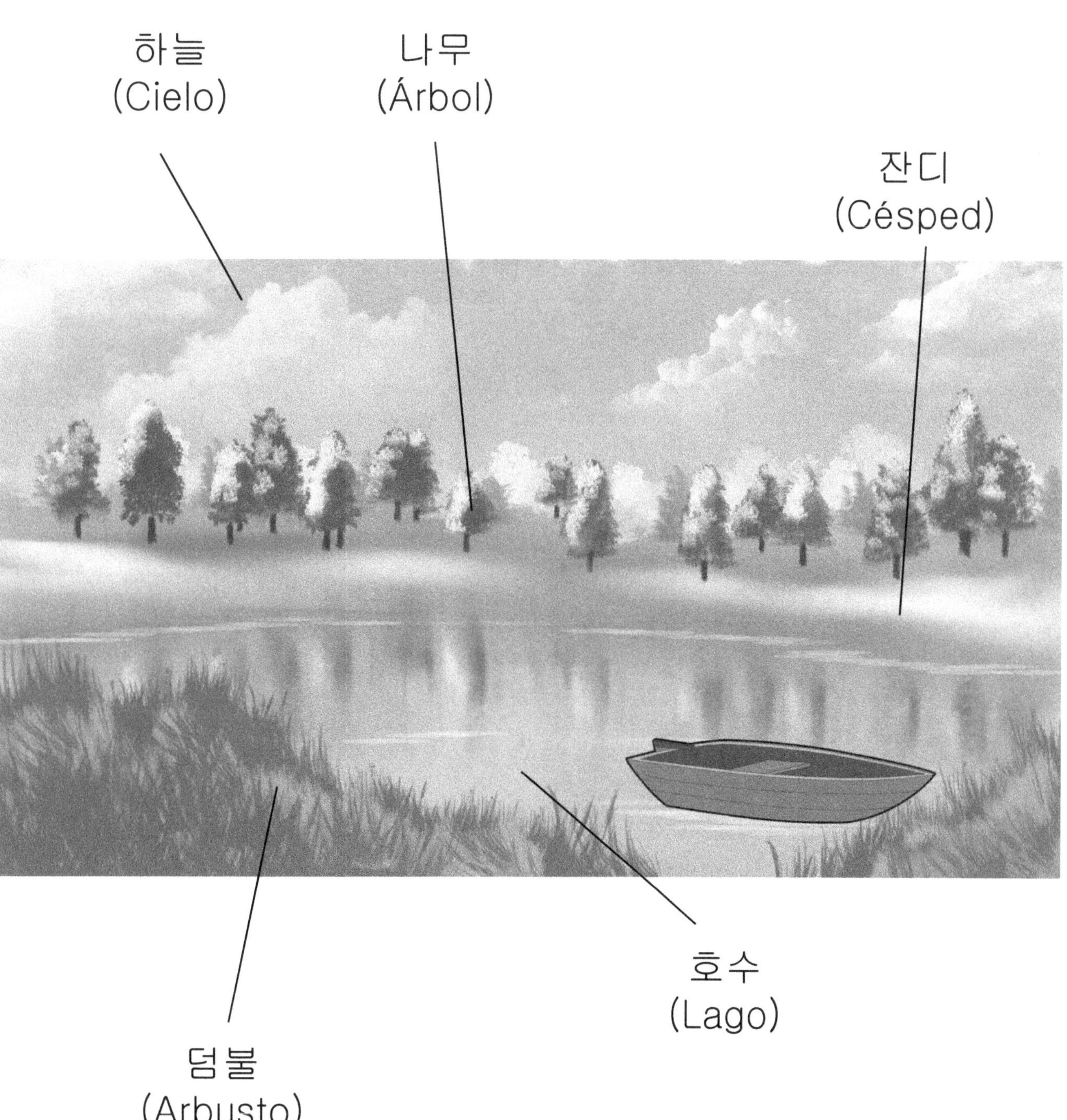

하늘
(Cielo)
나무
(Árbol)
잔디
(Césped)
덤불
(Arbusto)
호수
(Lago)

AIRE LIBRE(야외)

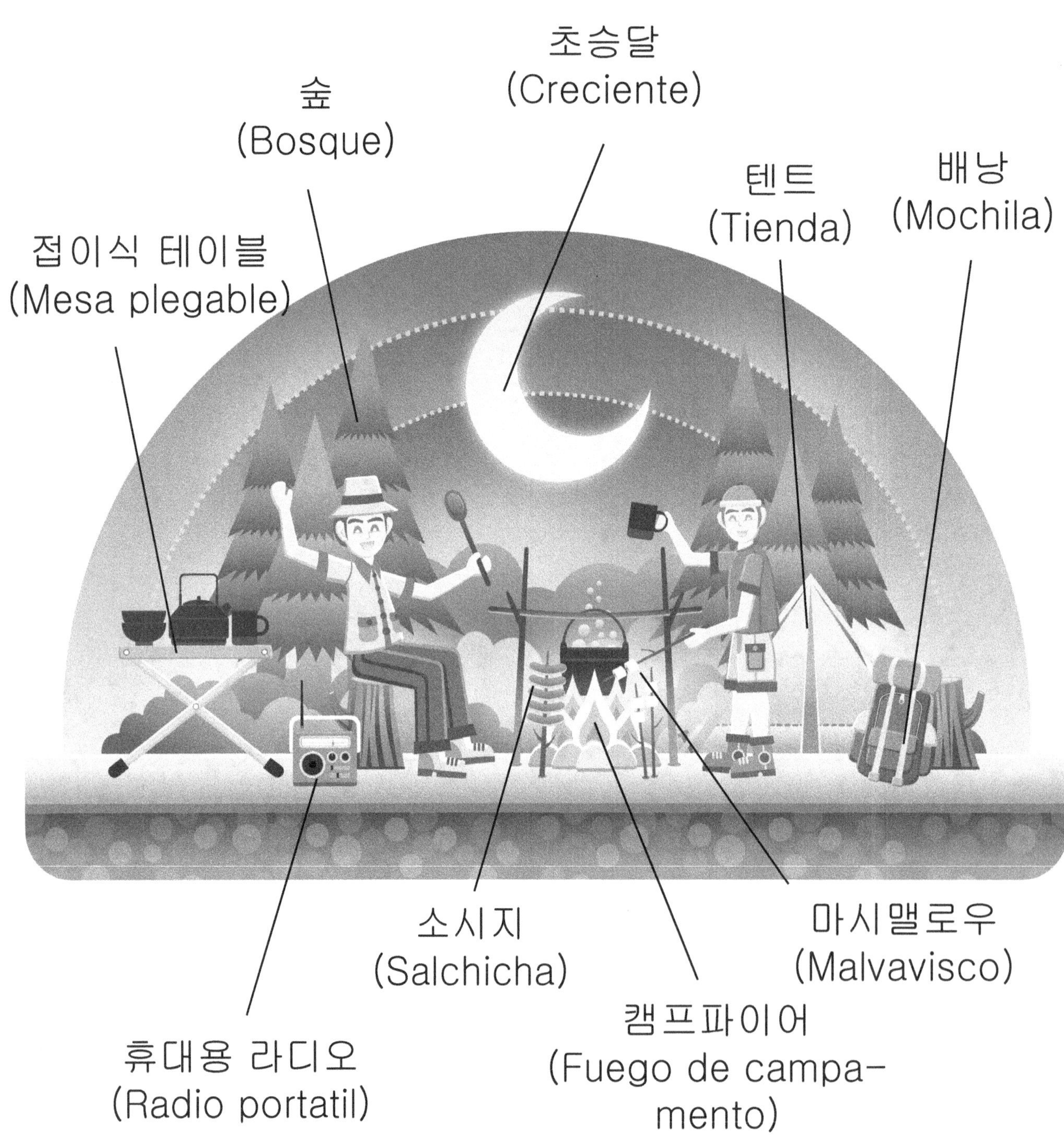

COLORES (색깔)

빨강 (Rojo)
주황 (Naranja)
노랑 (Amarillo)
초록 (Verde)
파랑 (Azul)
남색 (Índigo)
보라 (Violeta)

ROPA/ACCESSORIOS (의류/악세사리)

바지 (Pantalones)

와이셔츠 (Camisa de vestir)

티셔츠 (T-Shirt)

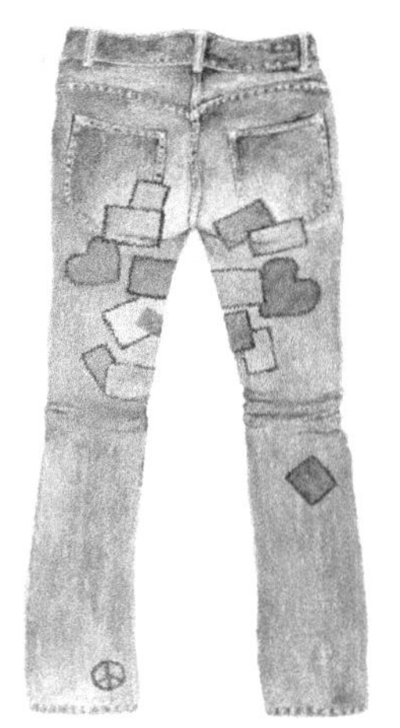

청바지 (Jeans)

츄리닝 (Camisa de entrenamiento)

양복/정장 (Traje)

드레스 (Vestir)

자켓/잠바 (Chaqueta)

미니스커트 (Minifalda)

잠옷 (Ropa de dormir)

코트 (Capa)

반바지 (Pantalones cortos)

수영복 (Traje de baño)

치마 (Falda)

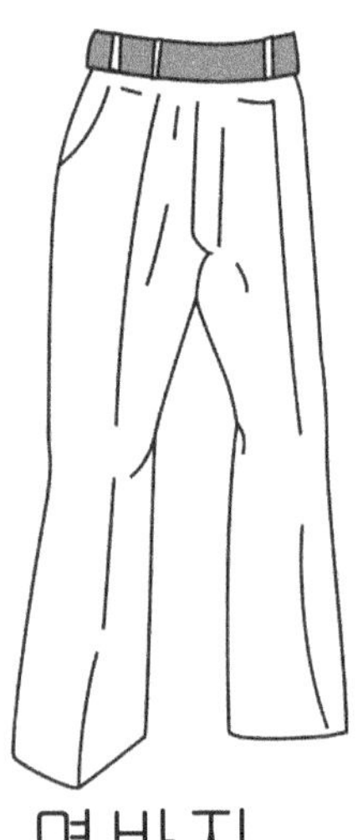

면바지
(Pantalones de algodón)

폴로 셔츠 (Polo)

팬티 (Bragas)

브라 (Sostén)

모자 (Sombrero)

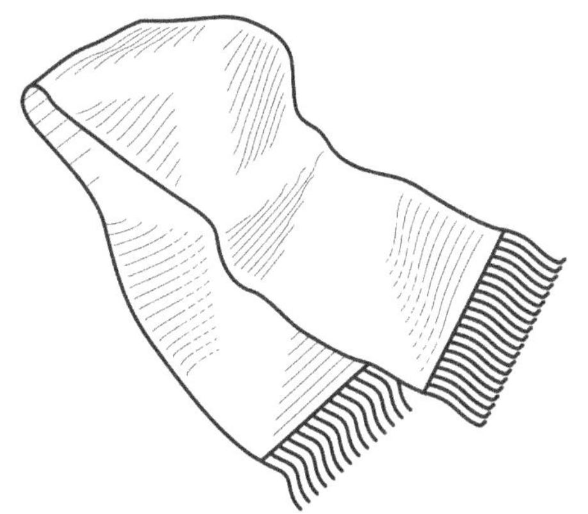

목도리/스카프
(Bufanda)

신발 (Zapatos)

정장 구두 (Zapatos de vestir)

운동화 (Zapatos atléticos)

양말 (Calcetines)

팔찌 (Pulsera)

목걸이 (Collar)

귀걸이
(Arete)

반지 (Anillo)

손목시계 (Reloj de mano)

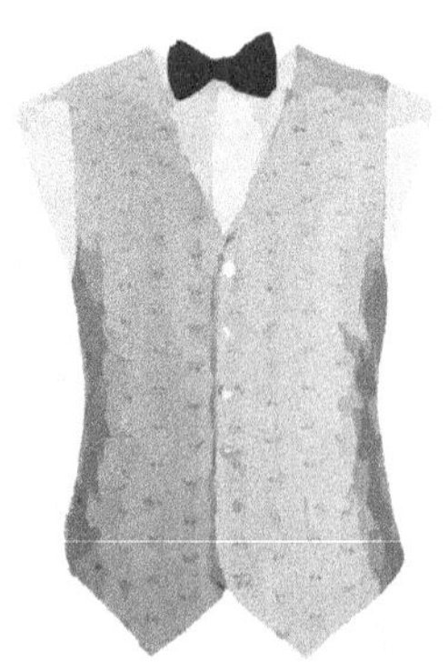

조끼 (Chaleco)

안경 (Gafas)

선글래스 (Gafas de sol)

슬리퍼 (Zapatillas)

쪼리/샌들 (Chancletas)

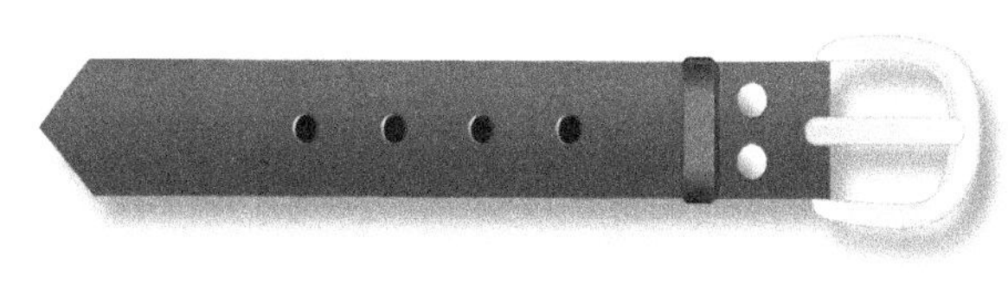

벨트 (Cinturón)

넥타이 (Corbata)

PRODUCTOS FEMENINOS (여성용품)

화장품
(Productos cosméticos)

머리띠 (Vincha)

생리대
(Toalla sanitaria)

클렌저/세안제
(Limpiador facial)

마스카라 (Máscara)

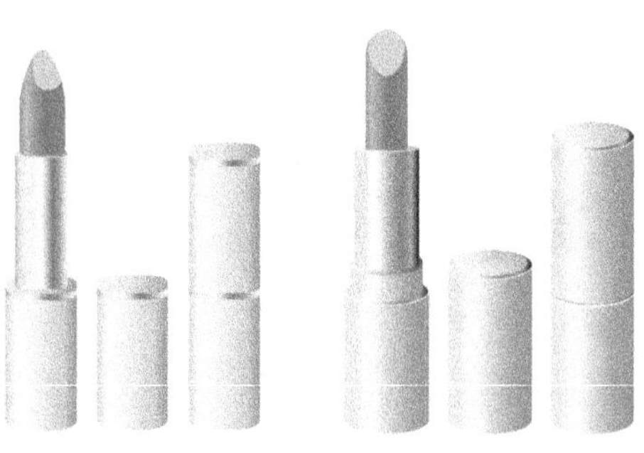

립스틱 (Lápiz labial)

향수 (Perfume)

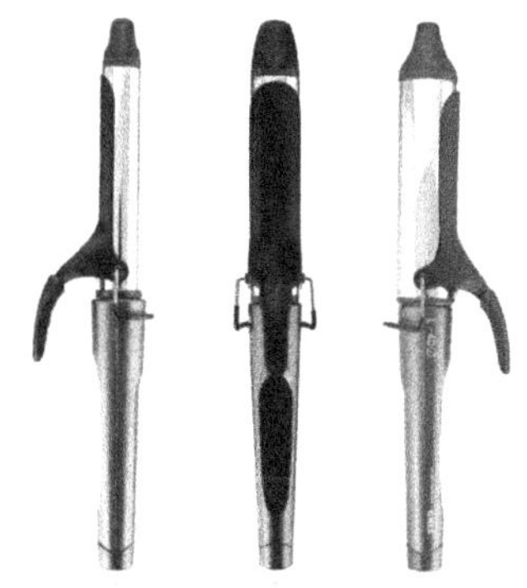

고데기 (Hierro de curling)

빗 (Cepillo)

가발 (Peluca)

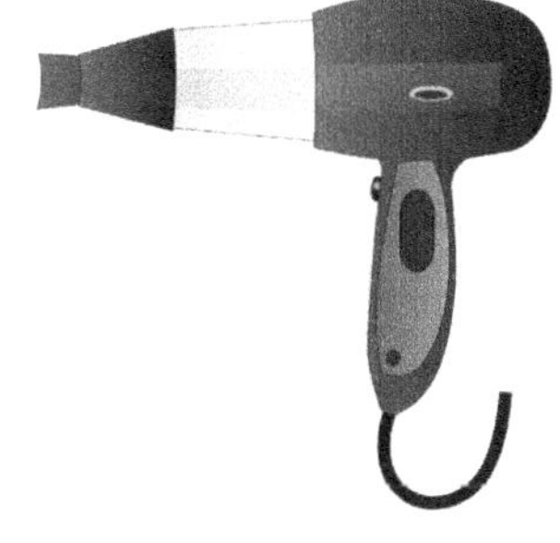

헤어드라이기
(Secador de pelo)

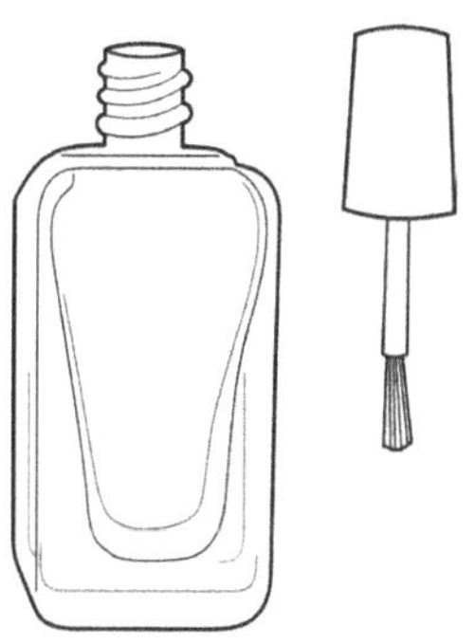

매니큐어 (Manicura)

PRODUCTOS MASCULINOS (남성용품)

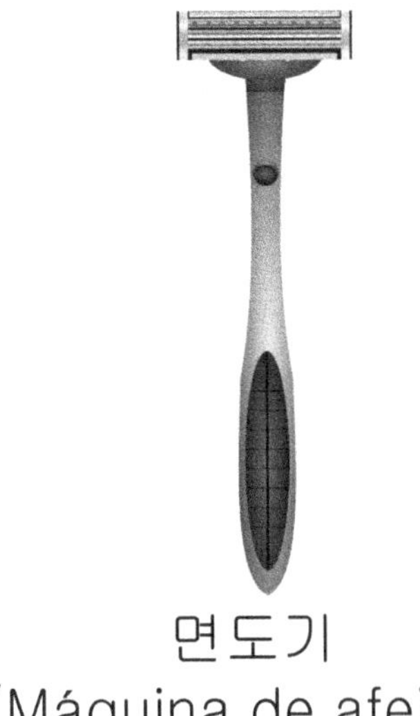

면도기
(Máquina de afeitar)

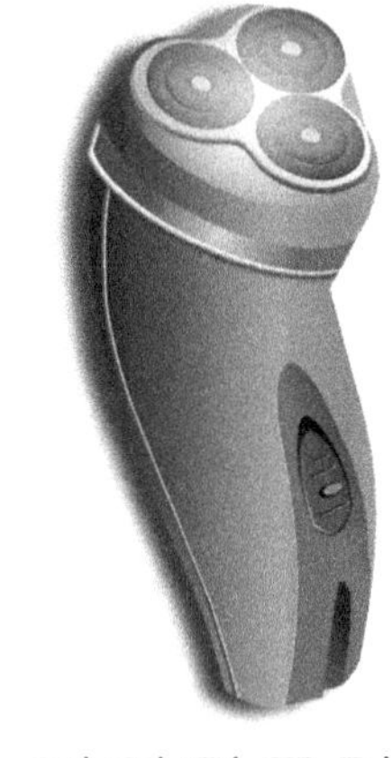

전기면도기
(Afeitadora eléctrica)

향수 (Colonia)

콘돔 (Condón)

서류가방 (Maletín)

구두주걱 (Cuerno de zapatos)

RESTAURANTE(레스토랑/식당)

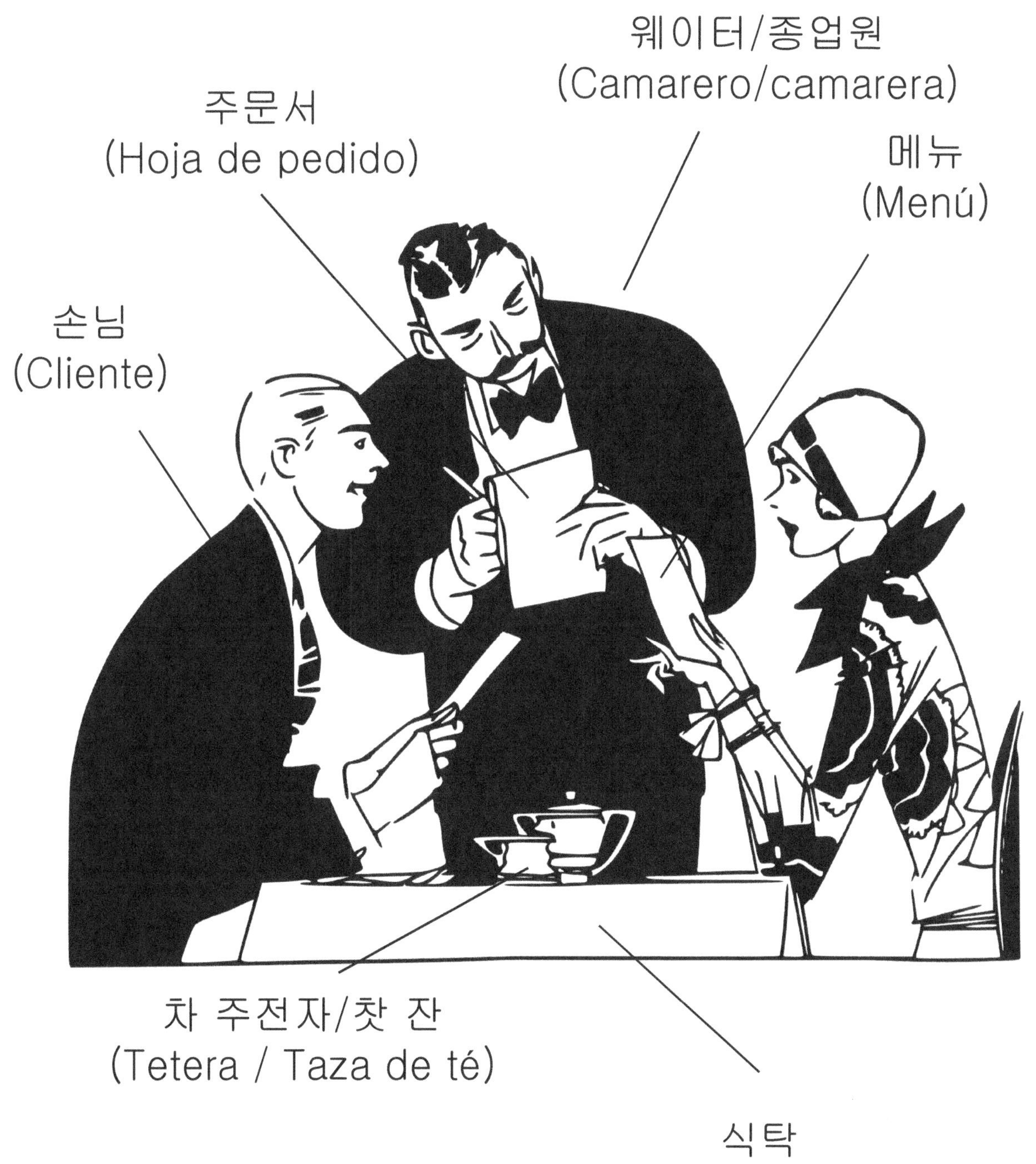

포크 (Tenedor)

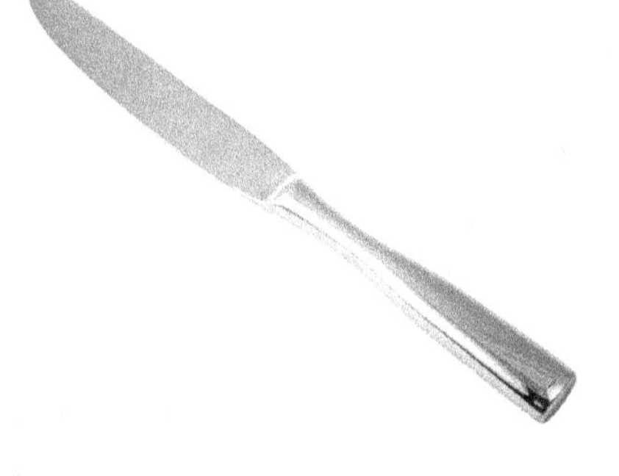

나이프 (Cuchillo)

젓가락 (Palillos)

숟가락 (Cuchara)

그릇 (cuenco)

밥그릇 (Bol de arroz)

접시 (Plato de comida)

식탁보 (Mantel)

냅킨 (Servilleta)

잔 (Vaso)

소스 (Salsa)

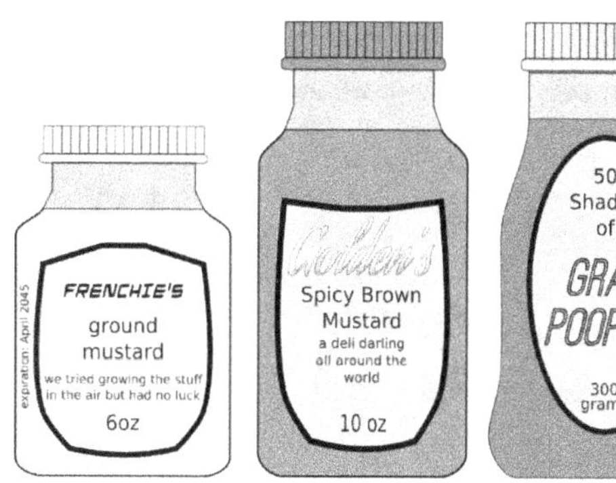

양념 (Condimentos)

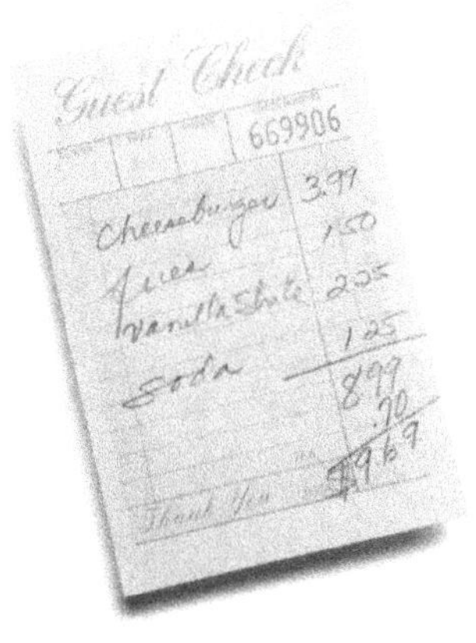

계산서 (Cuenta)

턱받이 (Babero)

요리사/주방장 (Cocinero)

예약 (Reserva)

주문 (Orden)

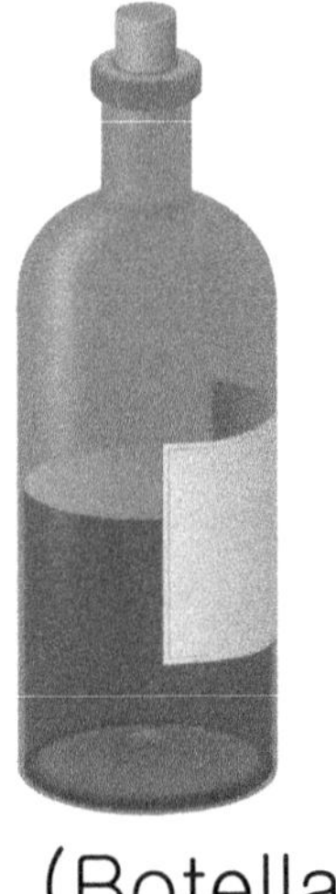

병 (Botella)

COMIDA / BEBIDA (음식/음료)

요리 (Cocina)

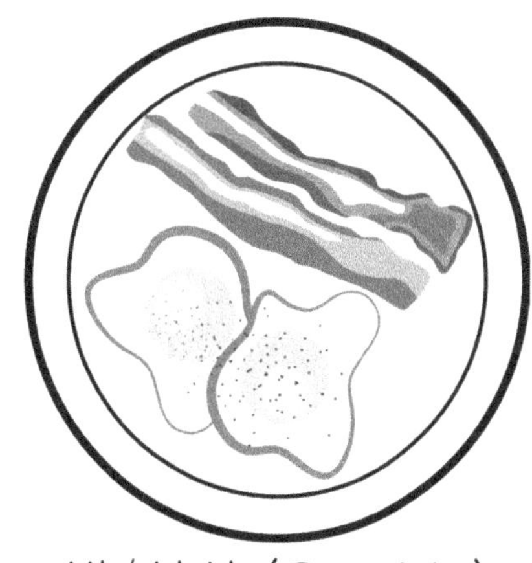

밥/식사 (Comida)

정식 (Tabla de hote)

간식 (Bocadillo)

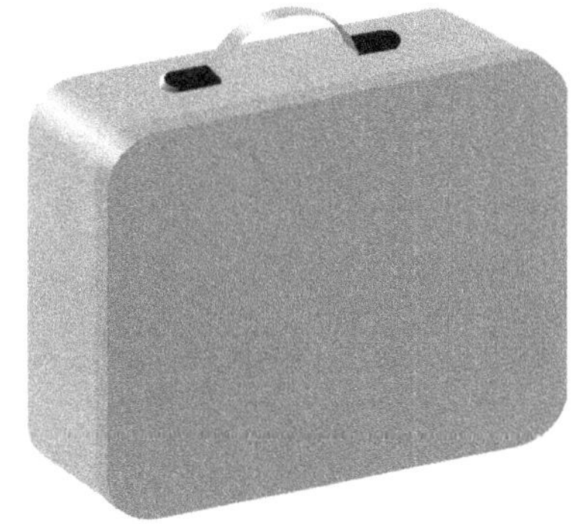

도시락 (Portacomidas)

통닭 (Pollo entero)

계란/달걀 후라이
(Huevo frito)

김 (Algas marinas)

국수 (Tallarines)

밥 (Arroz)

반찬 (Guarniciones)

생선구이 (Pescado asado)

커피 (café)

차 (Té)

스포츠 음료
(Bebidas deportivas)

우유 (Leche)

콜라 (Coca)

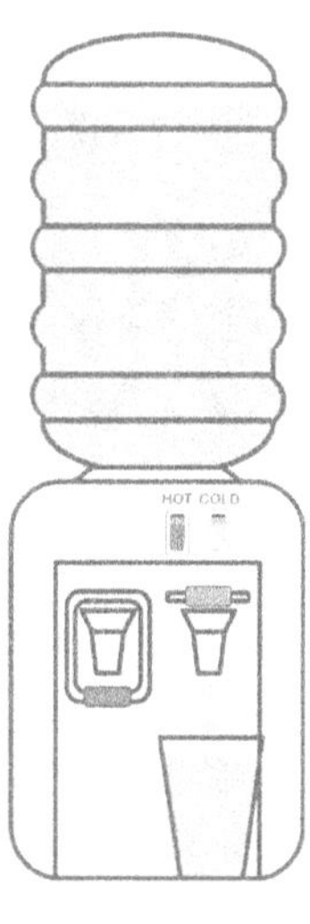

물 (Agua)

얼음물
(Agua congelada)

쥬스 (Jugo)

탄산수 (Agua con gas)

맥주 (Cerveza)

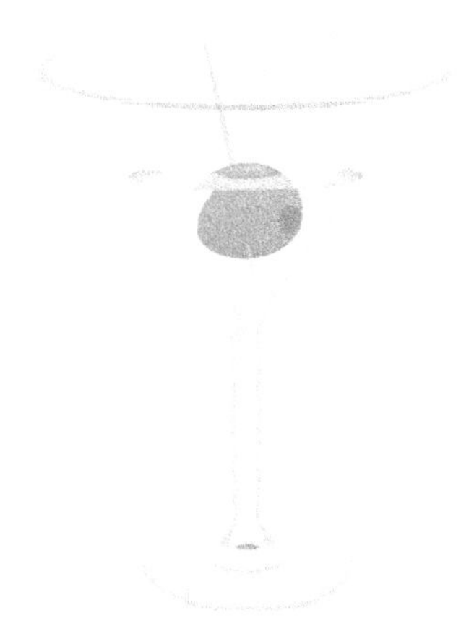

술 (Bebida alcoholica)

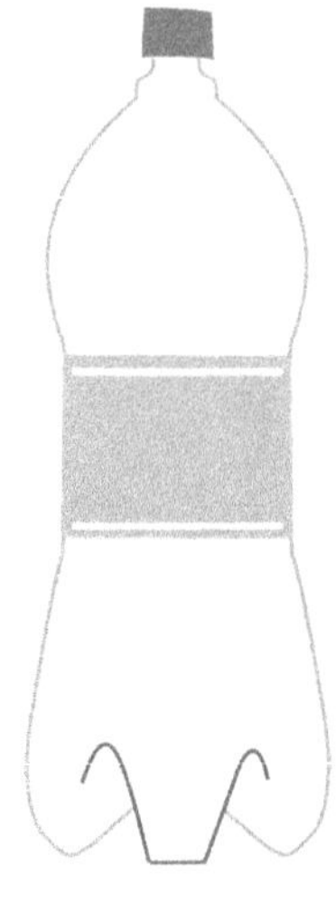

생수 (Agua embotellada)

CALENDARIO (달력)

월요일 (Lunes) 화요일 (Martes)

수요일 (Miércoles) 목요일 (Jueves)

금요일 (Viernes) 토요일 (Sábado) 일요일 (Domingo)

ESTACIONES/TIEMPO(계절/날씨)

흐린 (Nublado)

맑은/화창한 (Soleado)

천둥 번개
(Truenos y relámpagos)

우박 (Granizo)

눈 (Nieve)

비 (Lluvia)

강풍 (Viento fuerte)

미세먼지 (Polvo fino)

장마 (Las lluvias)

가뭄 (Sequía)

홍수 (Inundar)

폭설 (Fuertes nevadas)

지진 (Terremoto)

화산 폭발
(Erupción volcánica)

쓰나미 (Tsunami)

산사태
(Deslizamiento de tierra)

눈사태 (Avalancha)

태풍 (Tifón)

LUGARES (장소)

우체국 (Oficina postal)

경찰서 (Estación de policía)

도서관 (Biblioteca)

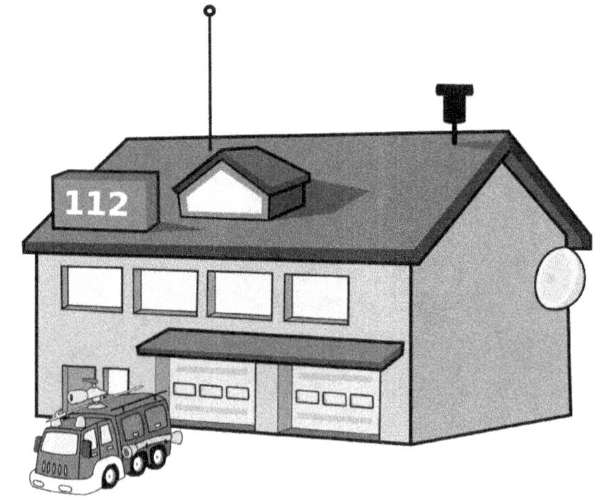

소방서 (Estación de bomberos)

백화점 (Grandes almacenes)

공원 (Parque)

노래방 (Karaoke)

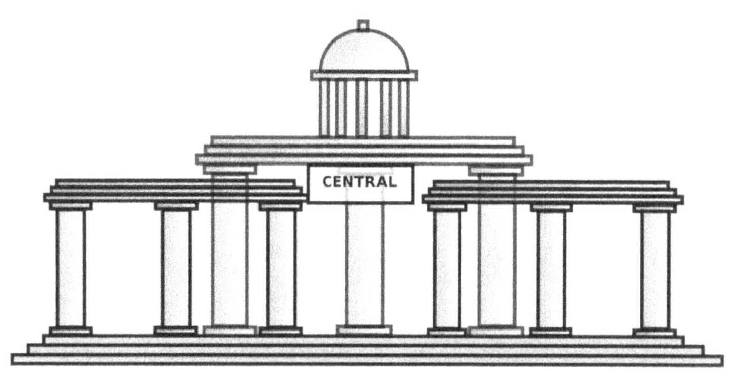

시청 (Palacio Municipal)

병원 (Hospital)

은행 (Banco)

영화관 (Cine)

교회 (Iglesia)

해변 (Playa)

버스 정거장
(Parada de autobús)

동물원 (Zoo)

박물관 (Museo)

놀이터 (Patio de recreo)

놀이공원
(Parque de atracciones)

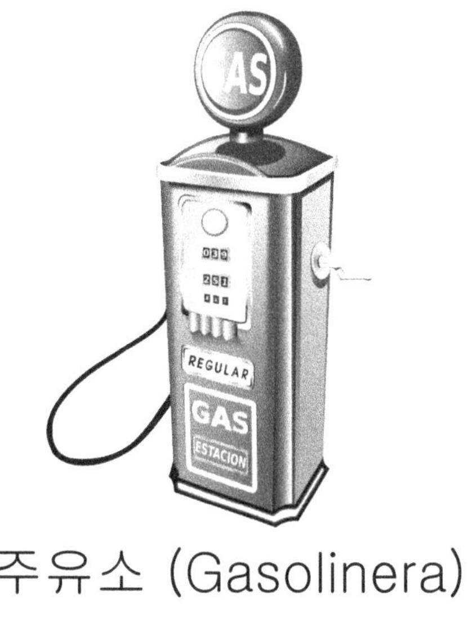

주유소 (Gasolinera)

편의점 (Tienda de conveniencia)

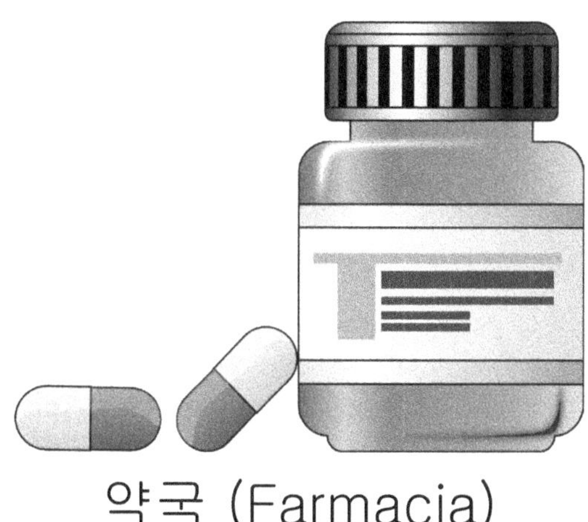

약국 (Farmacia)

응급실
(Sala de emergencias)

찜질방 (Spa/Sauna coreano)

빵집 (Panadería)

COSAS (물건)

우표 (Sello de correos)

봉투 (Sobre)

수갑 (Esposas)

권총 (Pistola)

금고 (Caja Fuerte)

사서 (Bibliotecario)

소화기
(Extintor de incendios)

소방차
(Camión de bomberos)

청진기 (Estetoscopio)

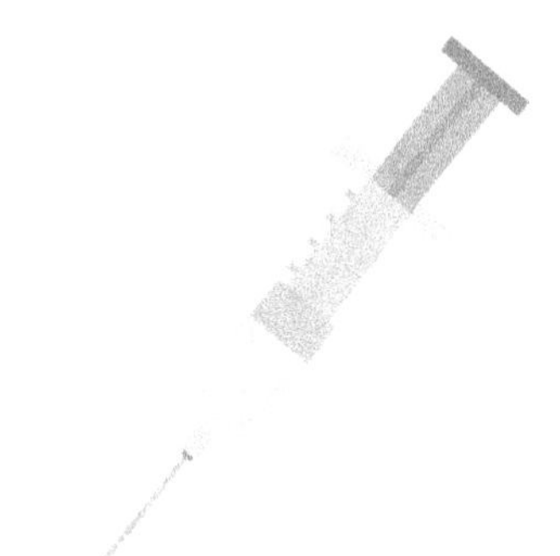

주사기 (Jeringuilla)

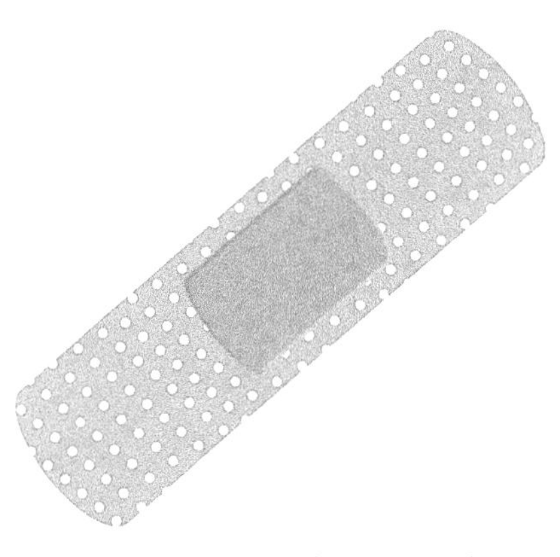

반창고 (Tirita)

환자 (Paciente)

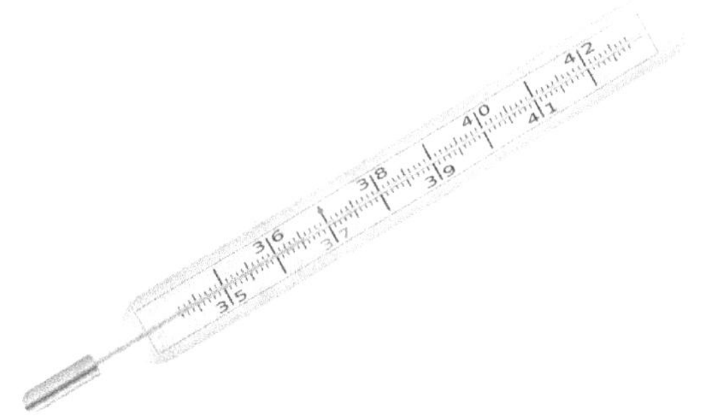

체온계 (Termómetro)

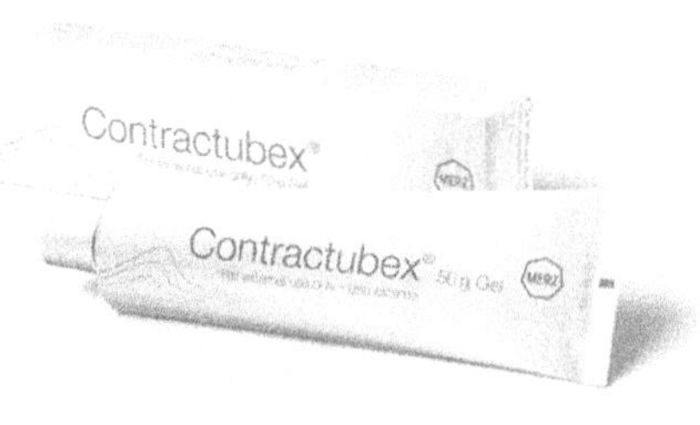

연고 (Ungüento)

신부님 (Padre)

수녀님 (Monja)

성체 (Comunión)

십자가 (Cruz)

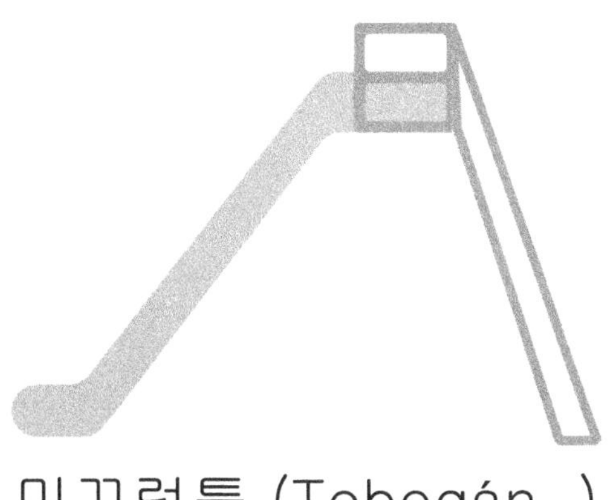

미끄럼틀 (Tobogán)

그네 (Columpio)

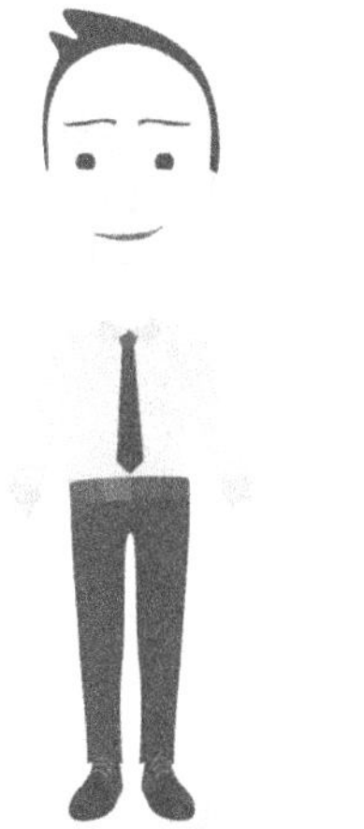

은행원 (Banquero)

지폐 (Papel moneda)

동전 (Acuñar)

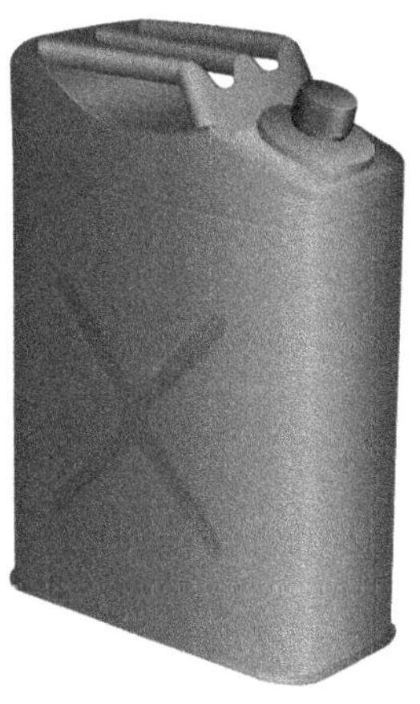

휘발유 (Gasolina)